OBSERVATOIRE

W9-CGS-025

SCIENCE ET TECHNOLOGIE

APPLICATIONS
TECHNOLOGIQUES
ET SCIENTIFIQUES (ATS)

BOÎTE À OUTILS

MATÉRIEL ET TECHNIQUES
AU LABORATOIRE ET À L'ATELIER

2e cycle du secondaire

J. Robert Lalonde
Directeur de collection

Marie-Danielle Cyr
Jean-Sébastien Verreault

Centre de ressources de la Faculté d'éducation
Université d'Ottawa - University of Ottawa
Faculty of Education Resource Centre

ERPI
ÉDITIONS DU RENOUVEAU PÉDAGOGIQUE INC.

5757, RUE CYPIHOT
SAINT-LAURENT (QUÉBEC)
H4S 1R3

TÉLÉPHONE : (514) 334-2690
TÉLÉCOPIEUR : (514) 334-4720
erpidlm@erpi.com

h31236087

500
.C97
2008
Boîte à outils

Directrice de l'édition
Monique Boucher

Chargé de projet
Pierre-Marie Paquin

Réviseure linguistique
Marie-Claude Piquion

Correcteur d'épreuves
Pierre-Yves L'Heureux

Recherchiste (photos et droits)
Marie-Chantal Masson

Directrice artistique
Hélène Cousineau

Coordonnatrice graphique
Karole Bourgon

Couverture
Frédérique Bouvier

Conception graphique
Imédia technologie, Frédérique Bouvier

Édition électronique
Talisman illustration design

Illustration
Michel Rouleau

Photographie
Tango photographie

Remerciements
Les auteurs et l'éditeur remercient M. Michel Picard, technicien en travaux pratiques, pour son soutien technique et ses conseils judicieux lors de l'élaboration de cet ouvrage.

Autres photos

PHOTOTHÈQUE ERPI
Prisme de la couverture; p. 49; p. 76; p. 95.

PUBLIPHOTO / PHOTO RESEACHERS, INC.
P. 25 Biophoto Associates.

PUBLIPHOTO / SCIENCE PHOTO LIBRARY
P. 35 A. Lambert Photography.

RAGNAR SCHMUCK/ZEFA/CORBIS
P. 23.

SHUTTERSTOCK
Photos de la couverture (sauf prisme).

© ÉDITIONS DU RENOUVEAU PÉDAGOGIQUE INC., 2007

Tous droits réservés.
On ne peut reproduire aucun extrait de ce livre sous quelque forme ou par quelque procédé que ce soit — sur machine électronique, mécanique, à photocopier ou à enregistrer, ou autrement — sans avoir obtenu, au préalable, la permission écrite des Éditions du Renouveau Pédagogique Inc.

Dépôt légal–Bibliothèque et Archives nationales du Québec, 2007
Dépôt légal–Bibliothèque et Archives Canada, 2007

Imprimé au Canada
ISBN 978-2-7613-2425-0

1234567890 II 0987
11901   ABCD   OS12

TABLE DES MATIÈRES

BOÎTE À OUTILS

L'INFORMATION 95

AUTRES OUTILS 109

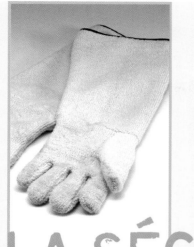

Au laboratoire et à l'atelier, il est nécessaire de réfléchir à la façon de travailler et de respecter certaines règles, dans le but d'éviter des accidents et des blessures.

LA SÉCURITÉ

SOMMAIRE

COMMENT TRAVAILLER en sécurité

La santé et la sécurité au travail sont des éléments importants à connaître et sont obligatoires dans tous les métiers. Les avertissements et les conseils qui suivent font partie d'un ensemble qui a pour objectif la prévention des accidents.

Les symboles du SIMDUT et du SGH

Le SIMDUT, c'est le Système d'information sur les matières dangereuses utilisées au travail. Ce système est en vigueur partout au Canada. À partir de 2008, il sera remplacé par le SGH, le Système général harmonisé, qui est un projet international dont l'objectif est de faire en sorte que les mêmes règles soient appliquées partout dans le monde. Les deux systèmes exigent que tous les produits dangereux portent une étiquette d'information. Toutes les personnes qui manipulent des produits dangereux, que ce soit au travail ou à l'école, doivent connaître les précautions à prendre lorsqu'elles utilisent ces produits.

Symbole du SIMDUT	Symbole du SGH	Cause du danger	Précautions à prendre en milieu scolaire
		Gaz comprimés	• Manipuler la bonbonne de façon à éviter les chocs. • La tenir éloignée de toute source de chaleur. • Ouvrir doucement la valve de la bonbonne pour permettre au gaz de sortir lentement.
		Matières inflammables et combustibles	Tenir loin des flammes, des étincelles et de la chaleur vive.
		Matières comburantes (provoquent et entretiennent la combustion)	Tenir loin des matériaux combustibles, des flammes et des sources de chaleur.
		Matières toxiques ayant des effets immédiats et graves	Ne jamais manipuler.
		Matières toxiques ayant d'autres effets	Ne jamais utiliser sans la supervision d'un adulte averti.
		Matières infectieuses	Ne jamais manipuler.
		Matières corrosives	• Manipuler avec précaution. • Porter des lunettes de sécurité. • Prévenir immédiatement l'enseignant ou l'enseignante en cas de déversement accidentel. • Rincer abondamment à l'eau en cas de contact avec la peau.
		Matières dangereusement réactives	• Éviter d'exposer à la lumière, à la chaleur, à des vibrations ou à des températures extrêmes. • N'en utiliser qu'une petite quantité à la fois.
Aucun symbole		Matières cancérogènes ou tératogènes (pouvant nuire à la fertilité ou au développement du fœtus)	Ne jamais utiliser sans la supervision d'un adulte averti.
Aucun symbole		Matières représentant un danger pour l'environnement	• Ne pas rejeter dans les égouts, l'évier ou les poubelles. • Jeter dans des contenants appropriés.

Les règles de sécurité au laboratoire et à l'atelier

Travailler en sécurité implique le respect de certaines règles. Les règles suivantes concernent plus particulièrement le travail au laboratoire de science et à l'atelier de technologie. Il importe non seulement de les connaître, mais, surtout, de les appliquer.

Prévenir l'enseignant ou l'enseignante...

- en cas d'accident ou de blessure.
- en cas de malaise, de sensation de picotements ou de brûlure.
- si on constate qu'un appareil est défectueux ou qu'une pièce est brisée.
- chaque fois qu'une consigne n'est pas clairement comprise.

Code vestimentaire

Porter un tablier ou un sarrau si on doit utiliser des substances corrosives, salissantes ou présentant un danger pour la santé.

Porter des lunettes de sécurité lorsque prescrit.

Attacher ses cheveux s'ils sont longs.

Éviter de porter des vêtements amples et relever ou rouler les manches bouffantes, sinon elles pourraient renverser du matériel, prendre feu ou se coincer dans certains outils.

Habitudes de travail

- S'assurer de bien comprendre la marche à suivre ou de faire approuver son plan d'action avant de commencer.
- S'assurer de bien connaître les symboles de sécurité du SIMDUT et du SGH, ainsi que les précautions à prendre lorsqu'on les rencontre.
- S'assurer de connaître l'emplacement de la trousse de premiers soins, de l'équipement d'urgence (extincteurs, douche oculaire, alarme d'incendie, etc.) et des sorties de secours.
- Garder son espace de travail propre et ordonné.
- Ne pas manger, ni boire, ni mâcher de gomme.
- Travailler calmement, sans précipitation et sans bousculer les autres.
- Éviter les déplacements inutiles.
- Éviter que ses objets personnels encombrent les lieux de travail et les allées.
- Nettoyer et ranger tout le matériel à la fin de l'activité.
- Se laver les mains après un travail au laboratoire ou à l'atelier.
- Éviter de porter des bijoux (bagues, montres, bracelets) au laboratoire ou à l'atelier.

1.1

Il est important de connaître l'emplacement des trousses de premiers soins, des extincteurs et de la douche oculaire au laboratoire comme à l'atelier.

Manipulation des appareils électriques

- Ne jamais toucher aux appareils, aux fils ou aux prises de courant avec des mains mouillées.

- Ne pas utiliser un appareil ou une rallonge électrique dont le cordon d'alimentation est en mauvais état.

- Débrancher un appareil électrique avant de le nettoyer ou d'en changer une pièce.

- Débrancher les appareils électriques en tirant sur la fiche et non sur le fil.

 Toujours une personne à la fois à un appareil.

I.2

Il ne faut jamais utiliser un appareil dont le cordon d'alimentation est abîmé.

Manipulation des appareils chauffants

 Se souvenir qu'une plaque chauffante peut rester chaude longtemps après avoir été utilisée.

- Ne jamais chauffer une substance inflammable avec un brûleur ; utiliser une plaque chauffante.

- Ne jamais laisser un appareil chauffant allumé sans surveillance.

Manipulation des produits chimiques

- Éviter de respirer ou de toucher directement un produit chimique.

- Ne jamais goûter à un produit chimique.

- Pour sentir un produit chimique, diriger les vapeurs vers soi avec la main.

- Rincer abondamment à l'eau toute partie du corps entrée en contact avec un produit corrosif ou toxique.

- Ne jamais remettre la partie inutilisée d'un produit chimique dans son contenant original, afin d'éviter toute contamination.

- Ne jamais jeter de produits chimiques dans l'évier ou à la poubelle. Toujours utiliser les contenants prévus à cet effet.

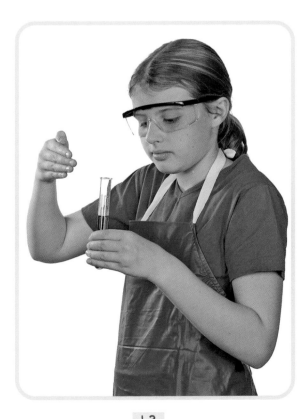

I.3

Pour sentir un produit chimique de façon sécuritaire, éloigner le contenant de son nez et diriger les vapeurs vers soi avec la main.

Le travail au laboratoire permet de mettre en pratique les notions vues en classe et d'en acquérir de nouvelles. C'est au laboratoire que vous pouvez observer, mesurer, identifier et faire réagir différents composants du monde qui vous entoure. Les techniques que vous y utilisez facilitent le passage du raisonnement à la pratique, de l'abstrait au concret.

Pour réussir, il vous faut connaître et utiliser le matériel approprié et des techniques bien précises, en gardant toujours à l'esprit les règles de sécurité.

AU LABORATOIRE

SOMMAIRE

LE MATÉRIEL

TRAVAILLER EN SÉCURITÉ

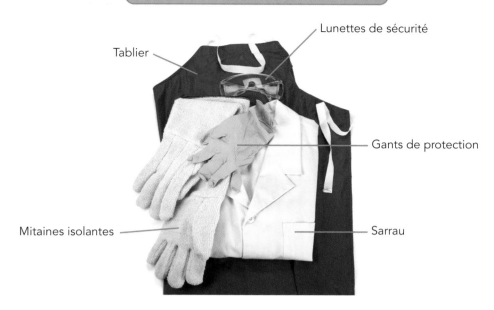

Tablier

Lunettes de sécurité

Gants de protection

Mitaines isolantes

Sarrau

CONTENIR

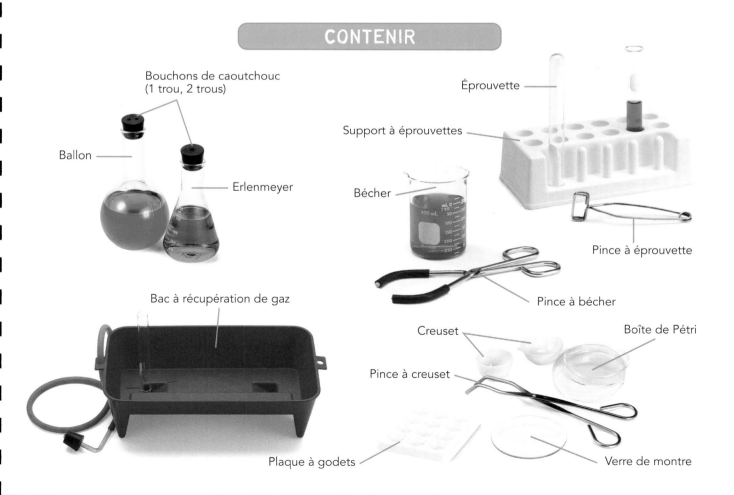

Bouchons de caoutchouc (1 trou, 2 trous)

Ballon

Erlenmeyer

Éprouvette

Support à éprouvettes

Bécher

Pince à éprouvette

Pince à bécher

Bac à récupération de gaz

Creuset

Boîte de Pétri

Pince à creuset

Plaque à godets

Verre de montre

PRÉPARER UN MONTAGE

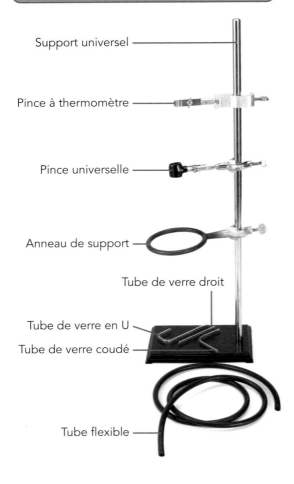

Support universel

Pince à thermomètre

Pince universelle

Anneau de support

Tube de verre droit

Tube de verre en U

Tube de verre coudé

Tube flexible

MÉLANGER

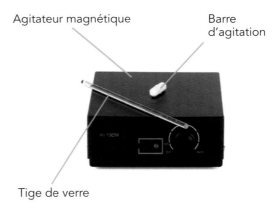

Agitateur magnétique

Barre d'agitation

Tige de verre

BROYER

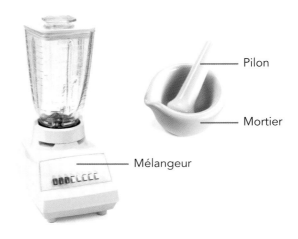

Pilon

Mortier

Mélangeur

CHAUFFER

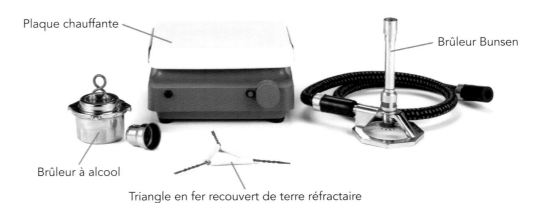

Plaque chauffante

Brûleur Bunsen

Brûleur à alcool

Triangle en fer recouvert de terre réfractaire

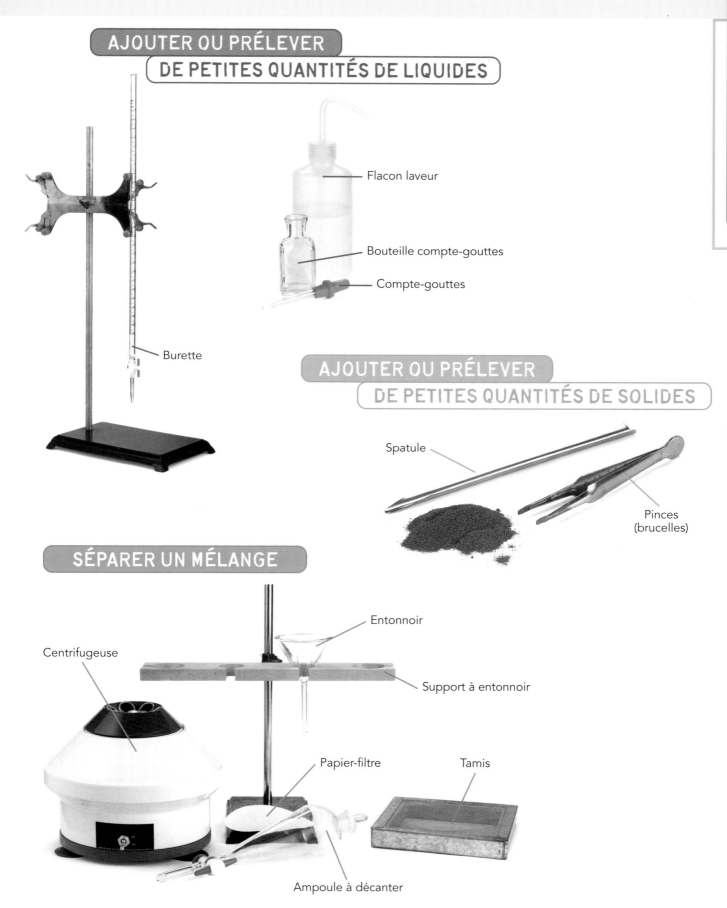

AJOUTER OU PRÉLEVER DE PETITES QUANTITÉS DE LIQUIDES

Flacon laveur

Bouteille compte-gouttes

Compte-gouttes

Burette

AJOUTER OU PRÉLEVER DE PETITES QUANTITÉS DE SOLIDES

Spatule

Pinces (brucelles)

SÉPARER UN MÉLANGE

Entonnoir

Centrifugeuse

Support à entonnoir

Papier-filtre

Tamis

Ampoule à décanter

OBSERVER

Microscope optique

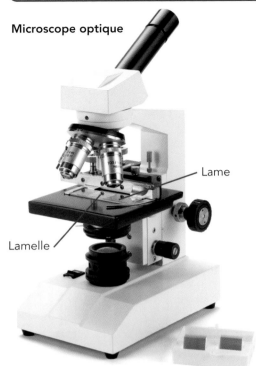

Lame

Lamelle

MESURER LE TEMPS

Minuterie

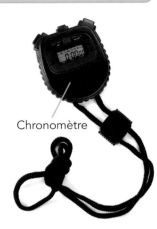

Chronomètre

DISSÉQUER

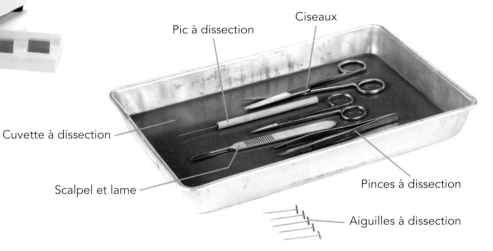

Pic à dissection

Ciseaux

Cuvette à dissection

Scalpel et lame

Pinces à dissection

Aiguilles à dissection

MESURER LE VOLUME

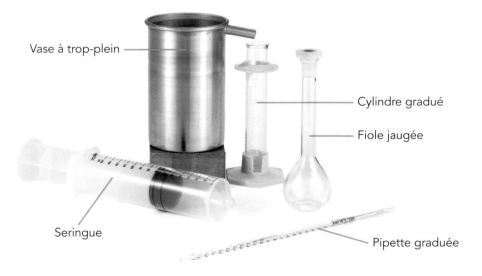

Vase à trop-plein

Cylindre gradué

Fiole jaugée

Seringue

Pipette graduée

MESURER LA MASSE

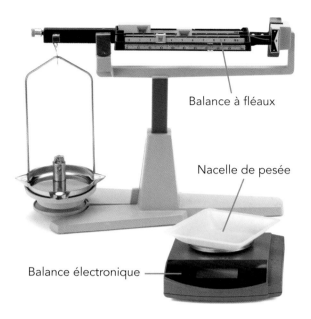

Balance à fléaux

Nacelle de pesée

Balance électronique

MESURER LA FORCE

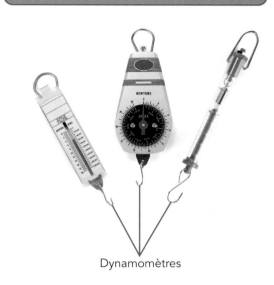

Dynamomètres

MESURER LA TEMPÉRATURE

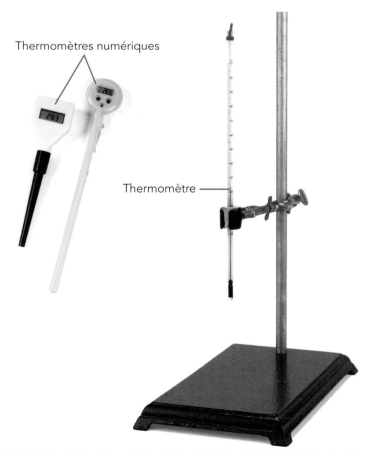

Thermomètres numériques

Thermomètre

MESURER LE pH

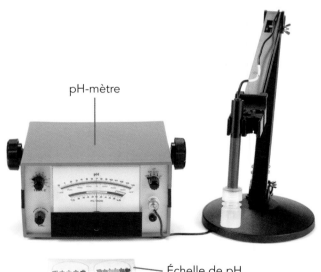

pH-mètre

Échelle de pH

Papier pH universel

MESURER LA PRESSION

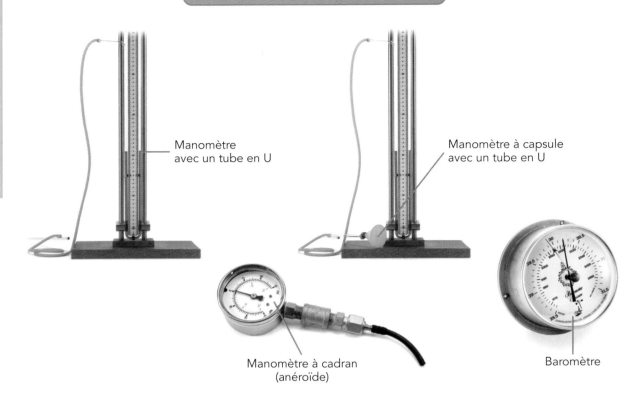

Manomètre
avec un tube en U

Manomètre à capsule
avec un tube en U

Manomètre à cadran
(anéroïde)

Baromètre

LOCALISER
LE FOYER D'UNE LENTILLE

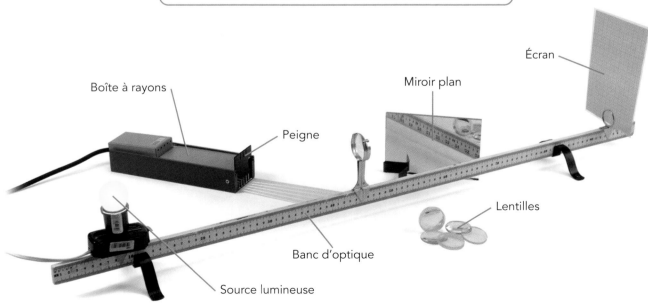

Écran

Boîte à rayons

Miroir plan

Peigne

Lentilles

Banc d'optique

Source lumineuse

LES TECHNIQUES

Au laboratoire, le travail s'appuie sur des techniques et des méthodes dont il faut connaître les principales étapes.

COMMENT MESURER

Les instruments de mesure

La mesure se fait à l'aide d'instruments dont les caractéristiques sont la précision, la fidélité, la sensibilité et la justesse :

- Un appareil est dit «précis» lorsque l'écart entre chaque graduation est petit. La précision correspond à la moitié de la plus petite graduation. Par exemple, un thermomètre gradué au 1,0 °C permet de mesurer la température avec plus ou moins 0,5 °C de précision. Dans le cas d'un appareil numérique ou électronique, la précision correspond à la plus petite graduation affichée.

- Un appareil de mesure est dit «fidèle» lorsqu'il reproduit chaque fois le même résultat pour la même mesure et dans les mêmes conditions.

- Un appareil est dit «sensible» lorsque les variations entre différentes mesures sont très marquées, c'est-à-dire que les graduations sont espacées l'une de l'autre. Elles sont également plus faciles à lire. Les appareils numériques ou électroniques sont souvent plus sensibles que les autres appareils.

- Un appareil est dit «juste» lorsqu'il permet de prendre des mesures avec très peu d'erreurs.

Les unités de mesure

Une mesure se compose habituellement d'un nombre suivi d'une unité de mesure. Les unités de mesure utilisées dans le domaine scientifique relèvent la plupart du temps du Système international d'unités (SI). En technologie, il arrive parfois qu'on utilise des mesures provenant du système impérial, encore en vigueur aux États-Unis (pouces, pieds, onces, etc.). À moins d'indication contraire, toutes les unités de mesure utilisées dans ce manuel appartiennent au SI.

2.1

Ce thermomètre a une précision de plus ou moins 0,5 °C, car sa plus petite graduation est de 1 °C. Il indique une température de 26,5 °C ± 0,5 °C.

LES PRÉFIXES UTILISÉS AVEC LES UNITÉS DE MESURE

Valeur	10^{-12}	10^{-9}	10^{-6}	10^{-3}	10^{-2}	10^{-1}	10^{1}	10^{2}	10^{3}	10^{6}	10^{9}	10^{12}
Préfixe	pico	nano	micro	milli	centi	déci	déca	hecto	kilo	méga	giga	téra
Symbole	p	n	µ	m	c	d	da	h	k	M	G	T

QUELQUES UNITÉS DE MESURE ET LEURS SYMBOLES

Mesure		Unités de mesure	Symbole de l'unité de mesure	Quelques correspondances
Longueur (distance)	L	mètre (millimètre, centimètre, kilomètre) unité astronomique année-lumière	m (mm, cm, km) UA al	1 km = 1000 m 1 UA $\cong$ 150 millions de km 1 al $\cong$ 9 500 milliards de km
Aire	A	mètre carré (centimètre carré)	m^2 (cm^2)	1 m^2 = 10 000 cm^2
Volume	V	mètre cube (centimètre cube, décimètre cube) litre (millilitre)	m^3 (cm^3, dm^3) L (ml)	1 ml = 1 cm^3 1 L = 1 dm^3 1 L = 1000 ml
Masse	m	gramme (milligramme, kilogramme) tonne métrique	g (mg, kg) t	1 kg = 1000 g 1 tonne métrique = 1000 kg
Température	T	degré Celsius kelvin	°C K	0 °C = 273 K
Temps	t	seconde minute heure	s min h	1 min = 60 s 1 h = 60 min 1 h = 3600 s
Énergie	E	joule (kilojoule) calorie alimentaire électrique	J (kJ) cal kWh	1 kJ = 1000 J 1 cal $\cong$ 4 kJ 1 kWh = 3600 kJ
Force	F	newton	N	Sur la Terre 1 N $\cong$ 100 g
Pression	P	pascal (kilopascal) millimètre de mercure	Pa (kPa) mm Hg	1 kPa = 1000 Pa 1 mm Hg = 0,13 kPa
Quantité de matière	n	mole	mol	1 mol = 6,023 $\times$ 10^{23} particules
Charge électrique	Q	coulomb	C	1 C = 6,25 $\times$ 10^{18} charges élémentaires
Intensité de courant électrique	I	ampère	A	$1\,A = \dfrac{1\,C}{1\,s}$
Différence de potentiel	U	volt	V	$1\,V = \dfrac{1\,J}{1\,C}$
Résistance électrique	R	ohm	Ω	$1\,\Omega = \dfrac{1\,V}{1\,A}$
Conductance électrique	G	siemens	S	$1\,S = \dfrac{1\,A}{1\,V}$
Puissance	P	watt	W	$1\,W = \dfrac{1\,J}{1\,S}$ 1 W = 1 A $\times$ 1 V
Champ magnétique	B	tesla	T (μT)	1 T = 1 000 000 μT
Capacité électrique	C	farad	F	$1\,F = \dfrac{1\,V}{1\,C}$
Activité radioactive	A	becquerel	Bq	$1\,Bq = \dfrac{1\ \text{désintégration}}{1\,s}$

COMMENT MESURER le volume

Le volume, c'est-à-dire l'espace occupé par un corps, se mesure en litre (L) ou en décimètre cube (dm^3). Il existe plusieurs méthodes pour mesurer le volume d'une substance ou d'un objet. Le choix d'une méthode dépend très souvent de l'état de l'échantillon à mesurer (liquide, solide ou gazeux).

Un liquide

Il est possible d'estimer le volume d'un liquide à l'aide d'un bécher, d'un ballon ou d'un erlenmeyer, mais les instruments les plus précis pour mesurer le volume d'un liquide demeurent le cylindre gradué, la pipette graduée et la seringue.

Lorsqu'un liquide est placé dans un contenant, il ne forme pas une surface parfaitement plane. En effet, lorsqu'on l'observe attentivement, on remarque que le liquide semble remonter au contact des bords. Cette courbure porte le nom de «ménisque». On doit toujours mesurer le volume au point le plus bas du ménisque.

Une méthode pour mesurer le volume d'un liquide avec un cylindre gradué

1 Verser la quantité de liquide à mesurer dans un cylindre gradué.

2 Placer son œil à la même hauteur que le ménisque.

3 Lire la mesure correspondant à la partie la plus basse du ménisque.

2.2
Le volume de ce liquide est de 70 ml.

Un solide régulier

Si l'objet à mesurer possède une forme régulière, on peut mesurer son volume à l'aide d'une règle et d'une formule mathématique. Le tableau suivant en montre quelques exemples.

LA MESURE DU VOLUME DE QUELQUES SOLIDES RÉGULIERS

Solides	Méthode de mesure	Formule mathématique	Exemples
Cubes, prismes et cylindres	- Mesurer l'aire de la base (A). - Mesurer la hauteur (h). - Calculer le volume (V) en utilisant la formule.	$V = Ah$	
Cônes et pyramides	- Mesurer l'aire de la base (A). - Mesurer la hauteur (h). - Calculer le volume (V) en utilisant la formule.	$V = \frac{1}{3}Ah$	
Sphères	- Mesurer le rayon de la sphère (r). - Calculer le volume (V) en utilisant la formule.	$V = \frac{4}{3}\pi r^3$	

Un solide irrégulier

Si le solide a une forme irrégulière, on peut mesurer son volume par le déplacement d'un liquide en utilisant un cylindre gradué ou un vase à trop-plein, selon la taille du solide. Ces méthodes conviennent aussi aux solides réguliers.

Une méthode pour mesurer le volume d'un solide avec un cylindre gradué

1 Déposer un petit bouchon dans le fond du cylindre afin de le protéger.

2 Verser une certaine quantité de liquide dans un cylindre gradué. En noter le volume. Si le solide à mesurer est soluble dans l'eau, utiliser plutôt de l'huile ou de l'alcool.

3 Placer le solide à mesurer dans le cylindre gradué. S'assurer que le solide est complètement immergé. Noter le nouveau volume.

4 Calculer le volume du solide en effectuant la soustraction suivante :

volume final du liquide – volume initial = volume du solide à mesurer.

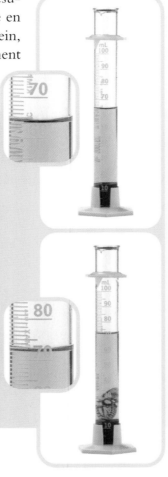

2.3

Au départ, le cylindre indique 65 ml. Une fois le solide ajouté, le volume passe à 72,5 ml. La différence entre les deux mesures est de 7,5 ml. Le volume de ce solide est donc de 7,5 ml ou 7,5 cm^3.

Une méthode pour mesurer le volume d'un solide avec un vase à trop-plein

1 Remplir le vase à trop-plein d'eau jusqu'à ce qu'elle atteigne le déversoire.

2 Placer un cylindre gradué sous le déversoire du vase à trop-plein.

3 Placer l'objet à mesurer dans le vase à trop-plein.

4 Prendre la lecture du volume de liquide recueilli dans le cylindre gradué.

2.4

L'objet a déplacé une certaine quantité d'eau, qui se trouve maintenant dans le cylindre gradué. Le volume de l'eau déplacée correspond au volume de l'objet à mesurer, soit 17,5 ml ou 17,5 cm^3.

Un gaz

Il existe plusieurs méthodes pour mesurer le volume d'un gaz. On peut utiliser, par exemple, une seringue. Le cylindre gradué peut aussi être utilisé en recueillant le gaz par déplacement d'eau. Il ne faut cependant pas oublier qu'un gaz est compressible. Il a donc un volume variable.

Une méthode pour mesurer le volume d'un gaz à l'aide d'une seringue

1 Aspirer le gaz à mesurer dans la seringue.

2 Fermer la seringue à l'aide d'un bouchon.

3 Lire la mesure à la base du joint d'étanchéité en caoutchouc.

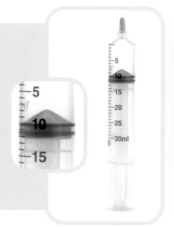

2.5

Le volume du gaz contenu dans cette seringue est de 10 ml.

Une méthode pour mesurer le volume lorsqu'on recueille un gaz par déplacement d'eau

1 Mettre une certaine quantité d'eau dans un bac à récupération de gaz.

2 Remplir à ras bord un cylindre gradué avec de l'eau.

3 En bouchant l'ouverture du cylindre avec la main, renverser le cylindre dans le bac, au-dessus de l'ouverture permettant de récupérer le gaz. S'assurer qu'il n'y a pas de bulles d'air dans le cylindre.

4 Relier l'extrémité du tube flexible du bac de récupération de gaz à un système qui dégage un gaz sous pression. Le gaz se déplacera alors graduellement vers le cylindre pour y remplacer l'eau.

5 Noter le volume qu'occupe le gaz dans le cylindre gradué.

2.6

Ce montage permet de mesurer le volume de gaz recueilli dans le cylindre gradué par déplacement d'eau. Ici, 20 ml de gaz ont été recueillis.

(COMMENT MESURER) la masse

On mesure la masse à l'aide d'une balance. L'unité de mesure la plus utilisée au laboratoire est le gramme et ses dérivés. La balance à trois fléaux est souvent utilisée en classe.

Une méthode pour mesurer la masse à l'aide d'une balance à trois fléaux

1 S'assurer que le plateau est propre, que tous les curseurs sont sur la marque zéro et que l'aiguille est également à zéro. Au besoin, nettoyer le plateau ou ajuster la balance à l'aide du bouton d'ajustement.

2 Déposer sur le plateau l'objet dont la masse est à mesurer.

3 Déplacer, d'une position à la fois, le curseur du fléau qui porte les plus grandes divisions (centaines). Lorsque l'aiguille descend sous la marque «zéro», reculer d'une position.

4 Déplacer le curseur du fléau intermédiaire (dizaines) de la même façon que précédemment.

5 Déplacer, d'une position à la fois, le curseur du fléau qui porte les plus petites divisions (unités), et ce, jusqu'à ce que l'aiguille pointe sur le zéro.

6 Calculer la masse en additionnant les mesures indiquées par les trois curseurs.

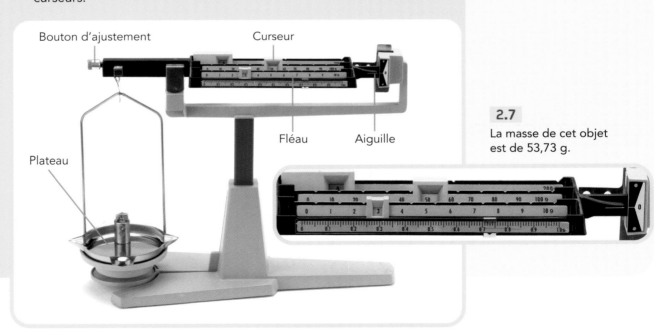

2.7

La masse de cet objet est de 53,73 g.

Dans plusieurs cas, par exemple lorsqu'on veut mesurer la masse d'une poudre, d'un liquide ou d'un gaz, il est nécessaire de placer la substance à mesurer dans un contenant plutôt que de la placer directement sur le plateau de la balance. Pour connaître la masse de la substance, il est alors nécessaire de faire la tare.

Une méthode pour faire la tare

1 Mesurer la masse du contenant vide et noter le résultat.

2 Mesurer la masse du contenant et de la substance à peser. Noter le résultat.

3 Calculer la masse en effectuant la soustraction suivante :

masse du contenant et de la substance – masse du contenant vide = masse de la substance.

Lorsqu'on veut faire la tare pour mesurer la masse d'un gaz, il faut s'assurer que le contenant utilisé est vide, c'est-à-dire qu'il ne contient ni air, ni aucun autre gaz en fonction du volume de gaz à peser.

Une méthode pour faire le vide dans une seringue

1 Utiliser une seringue à piston percé dont la taille pourra contenir le volume de gaz à peser.

2 S'assurer que le piston est enfoncé jusqu'au bout.

3 Mettre le bouchon sur la seringue.

4 Tirer le piston de la seringue jusqu'à ce que le trou du piston apparaisse.

5 Insérer un clou dans le trou du piston afin de retenir le piston en place.

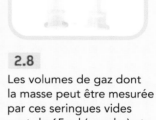

2.8

Les volumes de gaz dont la masse peut être mesurée par ces seringues vides sont de 65 ml (gauche) et de 140 ml (droite).

COMMENT MESURER la température

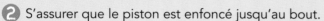
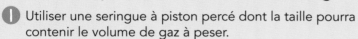
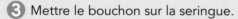

On mesure la température à l'aide d'un thermomètre. La plupart du temps, l'unité de mesure indiquée sur le thermomètre est le degré Celsius (°C).

Une méthode pour mesurer la température

1 Placer le réservoir du thermomètre en contact avec la substance à mesurer, à la profondeur désirée. Si la substance à mesurer est dans un contenant, s'assurer que le thermomètre ne touche ni aux parois ni au fond du contenant, par exemple en fixant le thermomètre sur un support universel à l'aide d'une pince à thermomètre.

2 Attendre que le niveau de la colonne de liquide du thermomètre se stabilise.

3 Lire la température indiquée.

2.9

Ce thermomètre indique que la température du liquide est de 17,5 °C.

PARTIE 2

(COMMENT MESURER) le pH

Il existe différentes façons de mesurer le pH d'une substance. On peut utiliser :

- le papier pH universel, qui permet de connaître le pH avec une précision d'environ une unité, sur une échelle de 1 à 11 ;
- le pH-mètre, permettant d'obtenir une mesure du pH qui peut atteindre une précision de 0,1 unité, selon l'appareil utilisé (*voir la figure 2.11*).

Une méthode pour mesurer le pH à l'aide de papier pH universel

1 Tremper légèrement une languette de papier dans le liquide à tester.

2 Comparer la couleur obtenue avec l'échelle fournie par le fabricant en fonction du type de papier utilisé.

2.10
Selon l'échelle fournie par le fabricant, le pH de cette solution est de 9.

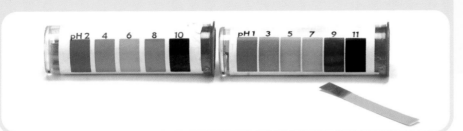

Une méthode pour mesurer le pH à l'aide d'un pH-mètre

1 Allumer l'appareil.

2 Rincer l'électrode avec de l'eau distillée.

3 Vérifier l'exactitude de l'appareil en le calibrant d'abord à l'aide d'une substance dont le pH est connu.

4 Rincer l'électrode avec de l'eau distillée.

5 Mettre en contact l'embout de l'électrode avec le liquide à tester.

6 Lire la mesure du pH.

7 Rincer l'électrode avec de l'eau distillée.

2.11
Le pH de cette solution est de 9,2.

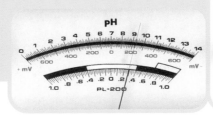

COMMENT MESURER la pression

Il existe différents instruments pour mesurer la pression :

- le manomètre (à cadran ou à tube en U), pour mesurer la pression d'un gaz enfermé dans un contenant ;
- le manomètre à capsule (avec un cadran ou avec un tube en U), qui permet de mesurer la pression dans un liquide ;
- le baromètre, pour mesurer la pression atmosphérique ;
- le sphygmomanomètre (ou tensiomètre), utilisé pour mesurer la pression artérielle. La pression artérielle (ou tension) est la combinaison de deux pressions : la pression systolique et la pression diastolique.

L'unité de mesure de la pression est généralement le kPa et ses dérivés. On utilise aussi le millimètre de mercure.

Le cas d'un gaz

La pression d'un gaz est la force qu'il exerce sur une unité de surface. Il existe plusieurs méthodes pour mesurer cette force.

Une méthode pour mesurer la pression d'un gaz avec un manomètre à cadran

1. Relier la bonbonne ou la seringue contenant le gaz dont la pression est à mesurer au manomètre à cadran à l'aide d'un tube flexible ou d'un connecteur approprié.

2. Lire la pression indiquée. Une pression positive indique une pression plus grande que la pression atmosphérique, tandis qu'une pression négative indique une pression plus petite que la pression atmosphérique.

2.12

La pression du gaz contenu dans la seringue est de 30 kPa de plus que la pression atmosphérique.

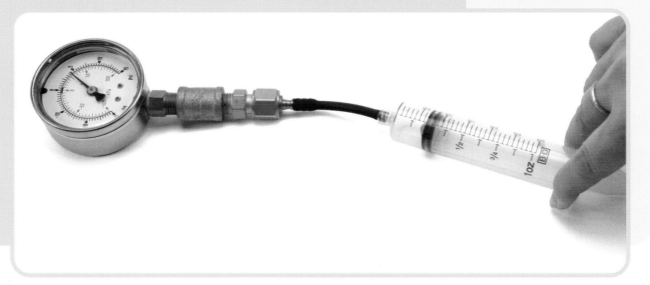

Une méthode pour mesurer la pression d'un gaz avec un manomètre à tube en U

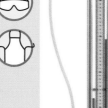

1. Relier la bonbonne ou la seringue contenant le gaz dont la pression est à mesurer au manomètre à tube en U à l'aide d'un tube flexible.

2. Calculer la pression en mesurant la différence de hauteur entre les niveaux de liquide dans le tube en U. La pression ainsi obtenue est donnée en millimètres. Pour convertir cette mesure en kPa, il faut multiplier le résultat par 0,13.

3. S'il s'agit d'un manomètre dont l'autre bout est ouvert, il faut tenir compte de la pression atmosphérique pour calculer la pression :

   - Si la colonne reliée à la bonbonne ou à la seringue est la plus basse des deux, il faut faire le calcul suivant pour obtenir la pression réelle du gaz :

     pression atmosphérique + pression affichée par le manomètre = pression réelle du gaz.

   - Si la colonne reliée à la bonbonne ou à la seringue est la plus haute des deux, il faut faire le calcul suivant pour obtenir la pression réelle du gaz :

     pression atmosphérique – pression affichée par le manomètre = pression réelle du gaz.

2.13

La différence de hauteur entre les niveaux de liquide est de 166 mm (290 mm – 124 mm). La pression de ce gaz est donc de 21,58 kPa de plus que la pression atmosphérique.

Le cas d'un liquide

La pression d'un liquide est la force qu'il exerce sur une unité de surface. Il existe plusieurs méthodes pour mesurer la pression.

Une méthode pour mesurer la pression dans un liquide au moyen d'un manomètre à capsule avec un tube en U

1. Tremper la capsule du manomètre à la profondeur voulue du liquide dont la pression est à mesurer.

2. Mesurer la différence de hauteur entre les niveaux de liquide dans le tube en U. Pour convertir cette mesure en kPa, il faut multiplier le résultat par 0,13.

3. S'il s'agit d'un manomètre dont l'autre bout est ouvert, il faut tenir compte de la pression atmosphérique pour calculer la pression :

   - Si la colonne reliée à la capsule est la plus basse des deux, il faut faire le calcul suivant pour obtenir la pression réelle du gaz :

     pression atmosphérique + pression affichée par le manomètre = pression réelle du gaz.

   - Si la colonne reliée à la capsule est la plus haute des deux, il faut faire le calcul suivant pour obtenir la pression réelle du gaz :

     pression atmosphérique – pression affichée par le manomètre = pression réelle du gaz.

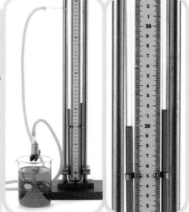

2.14

La différence de hauteur entre les niveaux de liquide est de 16 mm (216 mm – 200 mm). La pression mesurée dans le liquide est de 2,08 kPa de plus que la pression atmosphérique.

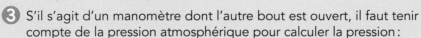

Une méthode pour mesurer la pression artérielle avec un sphygmomanomètre

1. Enrouler le brassard autour du biceps de la personne.

2. Glisser un stéthoscope sous le brassard.

3. À l'aide de la pompe, gonfler le brassard jusqu'à ce qu'il serre le bras. Ne pas dépasser 200 mm Hg ou 26,7 kPa.

4. Dégonfler doucement le brassard jusqu'à ce qu'on puisse distinguer un battement dans le stéthoscope.

5. Lire la pression indiquée, qui devrait être d'environ 120 mm Hg ou 15,6 kPa. C'est la pression systolique.

6. Continuer de dégonfler le brassard jusqu'à ce qu'il ne soit plus possible de distinguer aucun battement dans le stéthoscope.

7. Lire la pression indiquée, qui devrait être d'environ 80 mm Hg ou 10,4 kPa. C'est la pression diastolique.

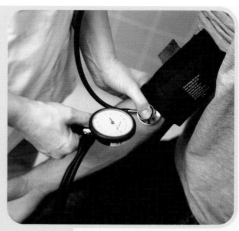

2.15

La pression (ou tension) artérielle se mesure à l'aide d'un sphygmomanomètre.

COMMENT UTILISER un microscope optique

Un microscope est un instrument qui permet d'examiner les objets qui sont normalement invisibles à l'œil nu, par exemple les micro-organismes et les cellules. Le microscope optique est le type de microscope dont on se sert le plus dans les écoles. Il utilise un système de lentilles permettant un grossissement variant généralement entre 40× et 1000×.

Voyons comment il faut l'utiliser pour faire une observation.

Une méthode pour utiliser un microscope optique

1. Brancher le microscope et allumer le système d'éclairage.

2. S'il faut préparer un montage humide, procéder comme suit:
   a) Placer l'objet à observer sur une lame de verre.
   b) Déposer une goutte de liquide sur l'objet à observer.
   c) Ajouter une lamelle sur l'objet.

3. Installer la lame de verre sur la platine. S'assurer qu'elle est bien en place par rapport au chariot mécanique (certains microscopes ont des valets).

4. Déplacer le chariot mécanique ou déplacer la lame entre les valets afin que l'objet à observer se trouve au centre de l'ouverture de la platine.

5. Tourner le revolver porte-objectifs de façon à choisir le plus faible grossissement.

6. Régler l'ouverture du diaphragme à la moitié.

2.16

Il faut recouvrir la lame d'une lamelle lorsqu'on observe un montage humide.

(suite à la page suivante)

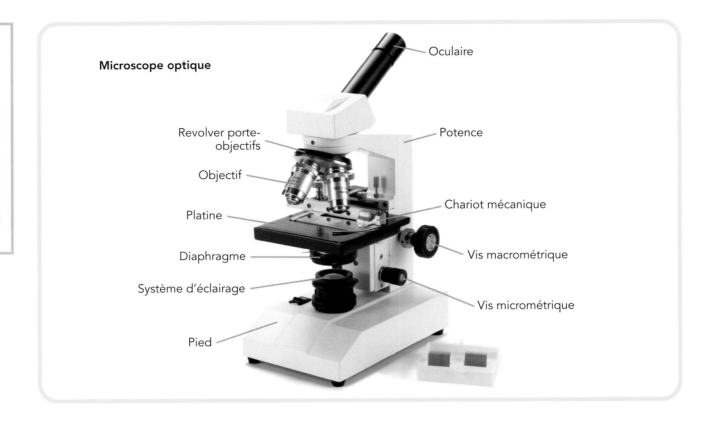

Microscope optique

- Oculaire
- Revolver porte-objectifs
- Potence
- Objectif
- Platine
- Chariot mécanique
- Diaphragme
- Vis macrométrique
- Système d'éclairage
- Vis micrométrique
- Pied

(suite)

7 Procéder à la mise au point :

   a) Tourner la vis macrométrique de façon à rapprocher le plus possible l'objet de l'objectif, sans y toucher.

   b) Regarder dans l'oculaire et éloigner la platine de l'objectif à l'aide de la vis macrométrique, jusqu'à ce que l'image apparaisse.

   c) Tourner la vis micrométrique jusqu'à ce que l'image soit aussi nette que possible.

8 Ajuster l'ouverture du diaphragme, si nécessaire.

9 Si nécessaire, agrandir davantage l'image :

   a) S'assurer que la partie qu'on veut observer plus en détail se trouve au centre du champ oculaire du microscope.

   b) Tourner le revolver porte-objectifs afin de choisir l'objectif correspondant au grossissement souhaité. (Le grossissement total correspond au grossissement de l'objectif choisi multiplié par le grossissement de l'oculaire.)

   c) Refaire la mise au point (*étape 7c*).

10 Éteindre le système d'éclairage et débrancher le microscope.

11 Ranger le microscope :

   a) Nettoyer l'objectif et l'oculaire avec du papier à lentilles. Nettoyer la platine si nécessaire.

   b) Enrouler le cordon électrique autour de la potence.

   c) Transporter le microscope en plaçant une main sous le pied et en tenant la potence de l'autre main.

2.17

Lorsqu'on transporte un microscope, il faut placer une main sous le pied de l'instrument et tenir la potence de l'autre main.

COMMENT RÉALISER un dessin scientifique

Le dessin scientifique sert à représenter le plus fidèlement possible ce que l'on observe, que ce soit à l'œil nu ou au microscope. On peut par exemple s'en servir pour illustrer l'anatomie d'un œil ou la forme d'une cellule nerveuse.

Une méthode pour réaliser un dessin scientifique

1 S'il s'agit d'une observation au microscope, tracer un grand cercle à l'aide d'un compas. Ce cercle représente le champ oculaire du microscope.

2 Tracer les grandes lignes du dessin à l'aide d'un crayon à mine. Faire des traits légers qui s'effaceront facilement.

3 Reproduire le plus exactement possible ce que l'on voit en observant fréquemment l'objet à dessiner. Un dessin scientifique ne se fait pas de mémoire.

4 Si nécessaire, agrandir une partie du dessin pour en montrer les détails. Cet agrandissement, qu'on appelle un « médaillon », peut être placé dans un autre cercle. Indiquer alors sur le dessin complet, par un petit cercle, la région agrandie.

5 Annoter le dessin selon l'une des méthodes suivantes :
  a) en ajoutant les noms des différentes parties et en les reliant à celles-ci par des filets ;
  b) en créant une légende si on a utilisé des symboles (pointillés, rayures, etc.).

6 Indiquer l'échelle du dessin. S'il s'agit d'une observation au microscope, on indiquera plutôt le grossissement :

force de l'objectif × force de l'oculaire = grossissement

7 Donner un titre au dessin.

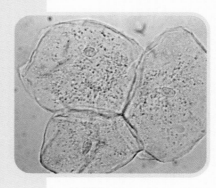

2.18

Ce dessin représente des cellules de l'intérieur de la joue comme on peut les observer au microscope optique. Le noyau est présenté plus en détail dans un médaillon.

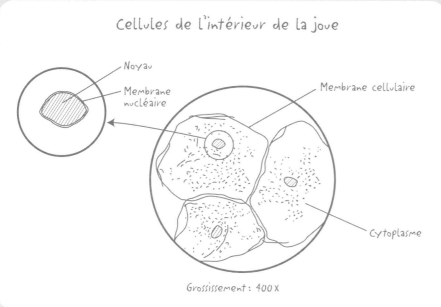

Cellules de l'intérieur de la joue

Noyau
Membrane nucléaire
Membrane cellulaire
Cytoplasme

Grossissement : 400 X

COMMENT LOCALISER
le foyer d'une lentille convergente

Lorsqu'on veut étudier certains phénomènes lumineux, comme la réfraction de la lumière par une lentille convergente, il peut être utile de localiser le foyer de la lentille.

Une méthode pour localiser le foyer d'une lentille convergente

1. À l'aide d'une pince, fixer la lentille sur le banc d'optique.

2. Placer la boîte à rayons à plus de 1 m de la lentille.

3. De l'autre côté de la lentille, déplacer l'écran jusqu'à ce qu'il se forme un point lumineux. Ce point est le foyer de la lentille.

4. Mesurer la distance entre le centre de la lentille convergente et son foyer.

2.19

Pour localiser le foyer d'une lentille, il faut placer la source lumineuse à plus de un mètre de la lentille.

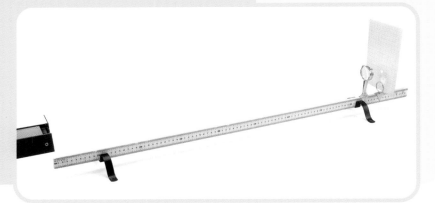

COMMENT EFFECTUER
une collecte d'échantillons

Il est parfois nécessaire d'effectuer une collecte d'échantillons, par exemple pour analyser l'eau de baignade ou l'acidité de la terre d'un jardin. Cette collecte doit se faire de manière rigoureuse afin d'en assurer la fiabilité et de bien représenter la situation.

Une méthode pour effectuer une collecte d'échantillons

1. Choisir des contenants appropriés en fonction des échantillons à prélever, par exemple des éprouvettes, des petites bouteilles avec leur bouchon, des sacs à fermeture hermétique, etc. Prévoir un nombre suffisant de contenants.

2. Identifier chacun des contenants en fonction des conditions de la collecte : le lieu, le moment, la durée, le nombre de prélèvements, et toute autre caractéristique pertinente.

3. Prélever les échantillons selon les conditions prédéterminées et les placer dans les contenants identifiés à cette fin.

2.20

Il faut identifier chacun des contenants en fonction des conditions de la collecte.

Une méthode pour recueillir un échantillon de gaz sous pression par déplacement d'eau

1. Mettre de l'eau jusqu'à environ le tiers d'un bac à récupération de gaz ou d'un bécher.

2. Remplir à ras bord une éprouvette avec de l'eau.

3. En bouchant l'ouverture de l'éprouvette avec un doigt, la renverser dans le bac ou le bécher contenant l'eau. S'assurer qu'il n'y pas de bulles d'air dans l'éprouvette.

4. Répéter les étapes 2 et 3 afin d'obtenir le nombre d'éprouvettes nécessaires à la collecte.

5. Insérer l'extrémité d'un tube de verre coudé dans le trou d'un bouchon. Relier l'autre extrémité à un tube flexible relié au bac.

6. Dans un erlenmeyer, préparer le système ou le phénomène qui dégagera le gaz à recueillir.

7. Boucher rapidement l'erlenmeyer avec le bouchon préparé préalablement.

8. Laisser sortir un peu de gaz afin d'expulser l'air contenu dans l'erlenmeyer et le tube.

9. Sans la retirer de l'eau, mettre une éprouvette au-dessus de l'ouverture par laquelle s'échappe le gaz dans le fond du bac.

10. Lorsque l'éprouvette est remplie de gaz, mettre une autre éprouvette au-dessus de l'ouverture.

11. Répéter l'opération jusqu'à ce que toutes les éprouvettes préparées soient remplies ou qu'il n'y ait plus de dégagement gazeux.

12. Avant de les retirer de l'eau, boucher chacune des éprouvettes.

2.21

Ce montage permet de recueillir un gaz dégagé par un système ou par un phénomène, par exemple lors de la réaction du vinaigre avec du bicarbonate de soude.

COMMENT PRÉPARER une solution

On utilise souvent des solutions au laboratoire. Il faut les préparer avec soin afin d'obtenir la concentration voulue. Il existe deux façons de préparer une solution : à partir de substances solides (il faut alors faire appel à la dissolution), ou à partir de solutions à concentration élevée (il faut alors procéder à une dilution).

Par dissolution

Une méthode pour préparer une solution par dissolution

1 Calculer la quantité de soluté nécessaire (m), compte tenu du volume de solution à préparer (V) et de la concentration souhaitée (C), à l'aide de la formule

$C = \dfrac{m}{V}$, soit $m = CV$, où

C représente la concentration souhaitée,

m représente la masse de soluté nécessaire,

V représente le volume de solution.

2 Prélever la quantité de soluté nécessaire en mesurant sa masse avec précision.

3 Verser le soluté dans un cylindre gradué.

4 Ajouter le solvant au soluté afin d'obtenir environ la moitié du volume total de solution.

5 Agiter jusqu'à dissolution complète.

6 Ajouter du solvant jusqu'à obtention du volume total de solution voulu.

7 Bien agiter le tout.

2.22

Les étapes à suivre pour préparer une solution par dissolution.

Soluté

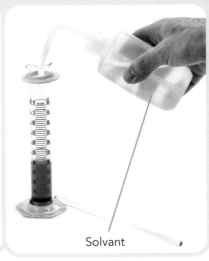

Solvant

Solution

Par dilution

Une méthode pour préparer une solution par dilution

1 Calculer le volume de solution concentrée à prélever (V_1), compte tenu du volume de solution (V_2) et de la concentration désirés (C_2), à l'aide de la formule :

$C_1V_1 = C_2V_2$, soit $V_1 = \dfrac{C_2V_2}{C_1}$, où

C_1 représente la concentration de la solution concentrée,

V_1 représente le volume de solution concentrée à prélever,

C_2 représente la concentration désirée,

V_2 représente le volume total de solution désiré.

2 Calculer le volume de solvant à ajouter en effectuant la soustraction suivante :

volume total de solution désiré − volume de solution concentrée à prélever = volume de solvant à ajouter

3 Prélever la quantité requise de solution concentrée en mesurant précisément son volume.

4 Prélever la quantité requise de solvant en mesurant précisément son volume.

5 Bien mélanger le tout.

2.23

Les étapes à suivre pour préparer une solution par dilution.

Solution concentrée

Solvant

Solution diluée

(COMMENT DÉTERMINER) la concentration d'un soluté dans une solution

Souvent, il est utile de déterminer la concentration d'un soluté dans une solution. C'est le cas, par exemple, pour effectuer des tests sur des échantillons d'eau (teneur en chlore, en plomb, etc.). Cependant, comme le soluté est dissous dans un liquide, il n'est pas toujours facile de le faire. Il est alors nécessaire d'utiliser des techniques particulières, comme le titrage ou le dosage colorimétrique. Ces techniques sont basées sur le changement de couleur de la solution en réaction avec un indicateur. Ce changement de couleur dépend de la concentration du soluté.

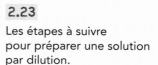

AU LABORATOIRE

Une méthode pour effectuer un titrage

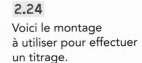

1. Mesurer précisément la quantité de solution dont on veut déterminer la concentration. Si on dispose d'une courbe-étalon, mesurer le volume qui a été utilisé pour établir la courbe-étalon.

2. Verser la solution dans un erlenmeyer.

3. Verser la quantité appropriée de l'indicateur à utiliser. Si on dispose d'une courbe-étalon, verser le même volume que celui utilisé pour établir la courbe-étalon.

   S'il y a lieu, verser la quantité appropriée de toute autre substance nécessaire au titrage.

4. Remplir une burette de la solution réagissant avec celle à tester et dont on connaît la concentration.

5. En ouvrant doucement le robinet de la burette, ajouter une très petite quantité à la fois de la solution de la burette à celle contenue dans l'erlenmeyer.

6. Au fur et à mesure, agiter doucement le contenu de l'erlenmeyer par un léger mouvement de rotation.

7. Cesser de verser la solution de la burette lorsque l'indicateur dans l'erlenmeyer change de couleur de façon permanente.

8. Noter le volume de solution utilisé dans la burette.

9. À l'aide de la courbe-étalon, déterminer la concentration du soluté dans la solution. S'il n'y a pas de courbe-étalon disponible, utiliser la formule suivante :

   $C_1V_1 = C_2V_2$, où

   C_1 représente la concentration de la solution inconnue (celle dans l'erlenmeyer) en mol/L,

   V_1 représente le volume de la solution inconnue en L ou ml,

   C_2 représente la concentration de la solution connue (celle dans la burette) en mol/L

   V_2 représente le volume de la solution connue en L ou ml.

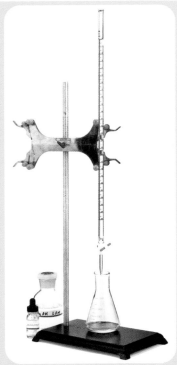

2.24
Voici le montage à utiliser pour effectuer un titrage.

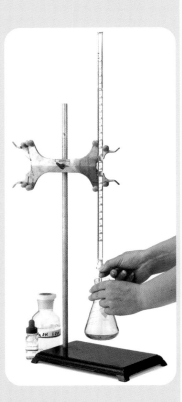

2.25
Il faut cesser de verser la solution de la burette lorsque l'indicateur change de couleur de façon permanente.

Une méthode pour préparer une échelle colorimétrique

1 Préparer six solutions dont la concentration du soluté à tester est différente. Les valeurs des concentrations doivent être à intervalle régulier, par exemple 2 g/L, 4 g/L, 6 g/L, etc.

2 Verser la même quantité de ces solutions dans six éprouvettes différentes. Indiquer la concentration des solutions sur chacune des éprouvettes.

3 Ajouter la même quantité de l'indicateur approprié dans chacune des éprouvettes. Agiter. La couleur obtenue pour chaque solution doit être de teinte différente. Si non, modifiez les concentrations des solutions.

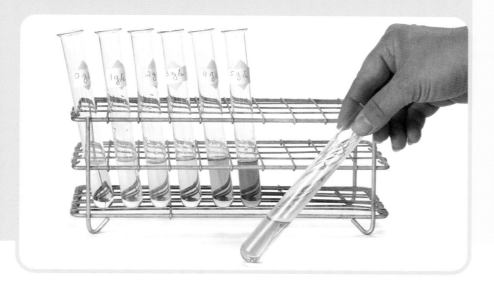

2.26

La teinte de l'échantillon de chaque éprouvette diffère en fonction de la concentration.

Une méthode pour effectuer un dosage colorimétrique

1 Prélever la quantité de solution à tester selon les indications fournies dans le protocole du dosage ou en fonction du volume utilisé pour préparer l'échelle colorimétrique.

2 Ajouter la quantité d'indicateur indiquée dans le protocole du dosage. Pour certains dosages, il peut être nécessaire d'ajouter d'autres réactifs avant d'ajouter l'indicateur. Dans d'autres, l'indicateur peut être sous forme de papier. Il s'agit alors de tremper le papier dans la solution à tester.

3 Comparer la couleur obtenue avec celles de l'échelle colorimétrique. La couleur la plus proche correspond à la concentration de la solution.

2.27

La concentration en chlore de l'eau de la piscine est de 1,5 mg/L.

COMMENT SÉPARER un mélange

Il est souvent utile de séparer les constituants d'un mélange au laboratoire. Nous présenterons ici les procédés suivants : la décantation, la centrifugation, la filtration (incluant le tamisage), la vaporisation, la distillation et la chromatographie.

La décantation

Cette méthode est souvent utilisée pour séparer les constituants de mélanges qui ne sont pas solubles l'un dans l'autre, par exemple un mélange de sable et d'eau ou un mélange d'huile et d'eau.

Une méthode pour décanter par transvasement

1 Laisser reposer le mélange jusqu'à ce qu'une ligne de démarcation bien nette apparaisse entre les substances à séparer.

2 Verser doucement la substance la plus légère dans un autre contenant.

3 Si les substances recommencent à se mélanger, répétez les étapes 1 et 2.

2.28
Le transvasement doit se faire délicatement.

Une méthode pour décanter avec une ampoule à décanter

1 Verser le mélange dans une ampoule à décanter.

2 Laisser reposer le mélange jusqu'à ce qu'une ligne de démarcation bien nette apparaisse entre les substances à séparer.

3 S'assurer que le bouchon de l'ampoule est retiré, afin de permettre au liquide de s'écouler.

4 Placer un contenant sous le robinet de l'ampoule à décanter.

5 Ouvrir le robinet de l'ampoule et laisser s'écouler le liquide le plus lourd.

6 Fermer le robinet lorsque tout le liquide le plus lourd est passé dans le contenant.

7 Répéter les étapes 4 à 6 s'il y a plus de deux substances liquides à séparer présentes dans l'ampoule.

Bouchon

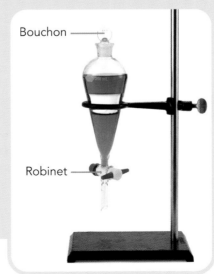

Robinet

2.29
L'ampoule à décanter permet de séparer des liquides de masses volumiques différentes.

La centrifugation

Cette méthode permet d'accélérer la décantation d'un mélange. On l'utilise par exemple dans les laboratoires médicaux, afin de séparer les constituants du sang.

Une méthode pour réaliser une centrifugation

1. Verser le mélange dans une ou plusieurs éprouvettes. Prendre soin de placer la même quantité de mélange dans chaque éprouvette.

2. Boucher les éprouvettes.

3. Placer les éprouvettes dans la centrifugeuse de façon à répartir le poids uniformément. Si nécessaire, utiliser une éprouvette avec de l'eau.

4. Démarrer la centrifugeuse. Si elle vibre, l'arrêter et vérifier l'équilibrage des éprouvettes.

5. Au bout de trois à cinq minutes, arrêter l'appareil et attendre que le carrousel s'arrête complètement de lui-même.

6. Verser doucement la substance la plus légère dans un autre contenant.

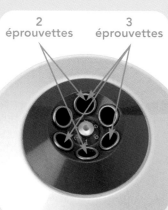

2 éprouvettes   3 éprouvettes

2.30

Les tubes doivent être placés adéquatement pour que l'appareil ne vibre pas.

La filtration

Cette méthode est utile pour séparer un mélange solide-liquide, solide-gaz ou solide-solide (tamisage) dans lequel les particules des constituants sont de tailles très différentes.

Une méthode pour filtrer un mélange solide-liquide

1. Choisir le filtre approprié, c'est-à-dire celui qui retiendra une des substances à séparer.

2. Plier le filtre en quatre, puis l'ouvrir de façon à former un cône (trois épaisseurs d'un côté et une épaisseur de l'autre).

3. Placer le filtre dans un entonnoir.

4. Installer le bout de l'entonnoir au-dessus d'un récipient. Le bout de l'entonnoir ne doit toucher ni le fond du récipient ni la substance filtrée.

5. Verser doucement le mélange dans l'entonnoir.

6. À mesure que le mélange se sépare, continuer de verser doucement le mélange dans l'entonnoir.

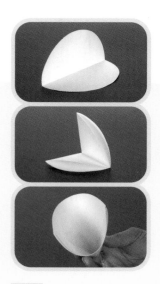

2.31

Le papier filtre doit être plié en quatre pour former un cône.

La vaporisation

Cette méthode est utile pour recueillir une substance solide dissoute dans un liquide. On l'utilise, par exemple, pour recueillir les sels de l'eau de mer.

Une méthode pour réaliser une vaporisation

1. Verser le mélange dans un contenant ayant une grande ouverture, par exemple un bol, une assiette ou un verre de montre.

2. Laisser sécher le mélange à l'air libre ou chauffer doucement jusqu'à évaporation complète.

2.32
La vaporisation peut se faire à l'aide d'un verre de montre.

La distillation

Cette méthode est généralement employée pour séparer deux liquides capables de se dissoudre l'un dans l'autre, par exemple un mélange d'eau et d'alcool. Elle s'appuie sur la différence entre les points d'ébullition des substances à séparer.

Une méthode pour réaliser une distillation avec un tube réfrigérant

2.33
Le liquide dont le point d'ébullition est le plus bas entre en ébullition le premier. Il se transforme en gaz, quitte le récipient, puis se condense dans le tube réfrigérant. Il est alors recueilli sous forme liquide dans le bécher.

1. Verser le mélange à séparer dans un récipient (erlenmeyer ou ballon). Y déposer deux ou trois pierres poreuses afin que le mélange bouille en douceur.

2. Placer un bouchon à deux trous dans l'ouverture du récipient.

3. Insérer un thermomètre dans un des trous.

4. Poser le récipient sur une plaque chauffante.

5. Fixer un tube réfrigérant à un support universel à l'aide d'une pince universelle.

6. Placer un bouchon à un trou dans l'extrémité la plus large du tube réfrigérant. Raccorder le tube réfrigérant au récipient en insérant un tube de verre coudé dans les trous de chacun des bouchons.

7. À l'aide d'un tube flexible, relier l'entrée d'eau du tube réfrigérant (celle qui est la plus éloignée du mélange à séparer) au robinet d'eau froide.

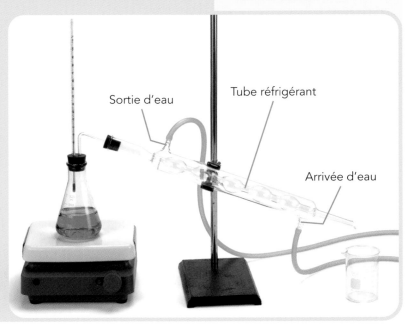

Sortie d'eau

Tube réfrigérant

Arrivée d'eau

(suite à la page suivante)

(suite)

8 À l'aide d'un tube flexible, relier la sortie d'eau du tube réfrigérant (celle qui est la plus près du mélange à séparer) au lavabo.

9 Placer un bécher sous l'extrémité la plus étroite du tube réfrigérant.

10 Ouvrir le robinet d'eau froide. S'assurer qu'il n'y a pas de fuite et que l'eau s'écoule bien dans le lavabo.

11 Chauffer le liquide à séparer jusqu'à ce que le point d'ébullition d'une des substances soit atteint.

12 Continuer de chauffer modérément aussi longtemps que la température reste stable.

13 Cesser de chauffer, ou remplacer le bécher, dès que la température se remet à grimper.

14 Cesser de chauffer avant que tout le liquide à séparer se soit évaporé, afin d'éviter que le récipient ne se brise.

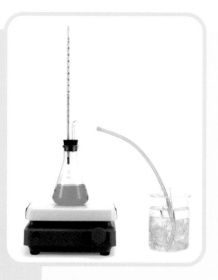

2.34

Il est aussi possible d'effectuer une distillation sans tube réfrigérant.

La chromatographie

Cette méthode est généralement employée pour séparer de petites quantités de mélanges. Elle est basée sur le principe que les constituants du mélange sont entraînés à des vitesses différentes selon leurs affinités au support utilisé (papier, gel) et au solvant (eau, alcool).

Une méthode pour réaliser une chromatographie sur papier

1 Recouvrir le fond d'un bécher avec le solvant servant à la migration. S'assurer de ne pas dépasser une hauteur de 1 cm.

2 Couper une bande de papier buvard d'environ 3 cm de largeur et plus longue que la hauteur du bécher.

3 Déposer une goutte du mélange à séparer sur la bande de papier, à environ 1,5 cm d'une des extrémités.

4 Déposer cette bande verticalement dans le bécher, la goutte vers le bas, en appuyant le papier buvard sur le bord du bécher. S'assurer que la goutte du mélange ne touche pas directement au solvant.

5 Attendre que le solvant monte jusqu'en haut de la bande de papier.

6 Retirer la bande du bécher.

2.35

Un montage permettant de réaliser une chromato-graphie sur papier.

COMMENT DÉTERMINER
les propriétés caractéristiques d'une substance

La matière est constituée de substances pures qui ont chacune leurs propriétés caractéristiques. Il est possible d'identifier une substance en la soumettant à des tests qui permettront de la distinguer d'une autre apparemment semblable. Par exemple, l'eau et la glycérine se ressemblent, mais la glycérine a une température d'ébullition beaucoup plus élevée. Déterminer les propriétés caractéristiques d'une substance peut permettre, par exemple, d'identifier une substance inconnue. Les propriétés caractéristiques peuvent aider à déterminer quelle substance saura le mieux répondre aux besoins de fabrication d'un objet ou d'un appareil. Par exemple, en comparant la conductibilité du cuivre à celle de l'aluminium, on peut penser que le cuivre est plus utile pour la fabrication de fils électriques puisqu'il est meilleur conducteur.

Nous examinerons ici les propriétés caractéristiques suivantes : le point de fusion, le point d'ébullition, la masse volumique, la solubilité, la conductibilité électrique et la réaction à certains indicateurs.

Le point de fusion

Le point de fusion est la température à laquelle un solide se liquéfie sous l'action de la chaleur.

Une méthode pour déterminer le point de fusion d'une substance solide

1. Remplir aux deux tiers un bécher avec de l'eau et le déposer sur une plaque chauffante. Si on s'attend à ce que le point de fusion soit de plus de 90° C, utiliser de la glycérine au lieu de l'eau.

2. Insérer une petite quantité du solide à tester dans le fond d'une éprouvette, suffisamment pour que le réservoir du thermomètre soit complètement recouvert lorsqu'il sera inséré dans l'éprouvette.

3. À l'aide d'une pince universelle, fixer l'éprouvette sur un support universel.

4. Immerger l'éprouvette dans l'eau du bécher. S'assurer que le solide à tester est complètement immergé.

5. Placer un thermomètre dans l'éprouvette et le fixer de façon à ce qu'il ne touche ni aux parois ni au fond de l'éprouvette.

6. Chauffer le bécher à intensité moyenne.

7. Lire la température dès que du liquide se forme dans l'éprouvette. Il s'agit du point de fusion.

8. Éteindre la plaque.

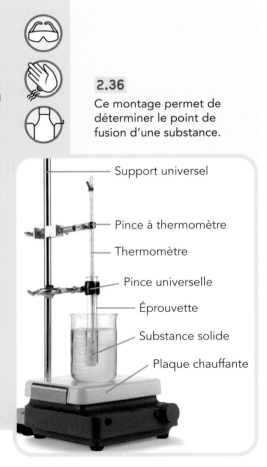

2.36

Ce montage permet de déterminer le point de fusion d'une substance.

- Support universel
- Pince à thermomètre
- Thermomètre
- Pince universelle
- Éprouvette
- Substance solide
- Plaque chauffante

Le point d'ébullition

La température à laquelle une substance liquide devient gazeuse est le point d'ébullition.

Une méthode pour déterminer le point d'ébullition d'une substance

1. Remplir le tiers d'un bécher du liquide dont on cherche le point d'ébullition.

2. Déposer le bécher sur une plaque chauffante.

3. À l'aide d'une pince à thermomètre, placer un thermomètre dans le liquide et le fixer de façon à ce qu'il ne touche ni aux parois ni au fond du bécher.

4. S'assurer que le liquide recouvre complètement le réservoir du thermomètre, en ajouter au besoin.

5. Chauffer doucement le contenu du bécher.

6. Lire la température lorsque des bulles se forment dans le bécher. Il s'agit du point d'ébullition.

7. Éteindre la plaque.

8. Enlever le bécher à l'aide d'une pince à bécher.

2.37
Ce montage permet de déterminer le point d'ébullition d'une substance.

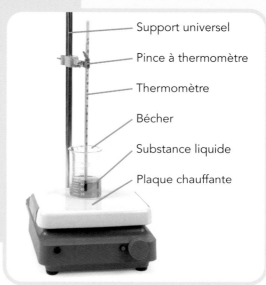

- Support universel
- Pince à thermomètre
- Thermomètre
- Bécher
- Substance liquide
- Plaque chauffante

La masse volumique

Les substances ont toutes une masse volumique, qu'elles soient solides, liquides ou gazeuses.

Une méthode pour calculer la masse volumique d'une substance

1. Prélever un échantillon de la substance à mesurer.

2. Mesurer précisément la masse de l'échantillon (*voir page 18*).

3. Mesurer précisément le volume de l'échantillon (*voir page 15*).

4. Calculer sa masse volumique en divisant sa masse par son volume, à l'aide de la formule suivante :

$$\rho = \frac{m}{V}, \text{ où}$$

ρ représente la masse volumique (g/ml),

m représente la masse (g),

V représente le volume (ml).

La solubilité d'un solide

La quantité maximale de soluté dissoute dans un certain volume de solvant constitue la solubilité d'une substance.

Une méthode pour mesurer la solubilité d'une substance solide

1. Peser une éprouvette vide et son bouchon.

2. Verser un peu de solvant dans cette éprouvette et la boucher.

3. Peser l'éprouvette avec le solvant.

4. Calculer la masse de solvant en effectuant la soustraction suivante :

   masse de l'éprouvette contenant le solvant – masse de l'éprouvette vide = masse du solvant.

5. Ajouter une petite quantité de soluté au solvant.

6. Boucher l'éprouvette et agiter jusqu'à dissolution complète.

7. Si le soluté se dissout complètement, répéter les étapes 5 et 6.

8. Lorsque le soluté ne se dissout plus, décanter par transvasement la solution dans un cylindre gradué préalablement pesé.

9. Mesurer précisément le volume de la solution.

10. Peser précisément le cylindre contenant la solution.

11. Calculer la masse du soluté en effectuant le calcul suivant :

    masse du cylindre contenant la solution – masse du cylindre – masse du solvant = masse du soluté.

2.38

Lorsque le soluté ne se dissout plus, il faut décanter la solution par transvasement dans un cylindre gradué.

12. Calculer la solubilité du soluté en effectuant la division suivante :

$$\frac{\text{masse du soluté dissous}}{\text{volume total de la solution}} = \text{solubilité du soluté.}$$

La conductibilité électrique

Conduire ou non l'électricité est une caractéristique qui permet de différencier une substance d'une autre.

Une méthode pour tester la conductibilité électrique d'une substance solide ou liquide

1. Mettre les deux électrodes du détecteur de conductibilité électrique en contact avec la substance à tester.

2. Si la lumière s'allume, c'est que la substance est conductrice d'électricité.

Électrodes

2.39
Ces substances conduisent l'électricité puisque la lumière s'allume.

La réaction au papier tournesol neutre

Le papier tournesol permet de savoir si la substance testée est acide, basique ou neutre.

Une méthode pour observer la réaction d'une substance au papier tournesol neutre

1. Tremper le papier tournesol dans le liquide à tester.

2. Comparer la couleur obtenue à celles des tableaux ci-dessous.

LA DÉTERMINATION DU pH À L'AIDE DE PAPIER TOURNESOL BLEU

Couleur du papier avant le test	Couleur du papier après le test	Résultat
Bleu	Bleu	Basique ou neutre
Bleu	Rouge	Acide

LA DÉTERMINATION DU pH À L'AIDE DE PAPIER TOURNESOL ROUGE

Couleur du papier avant le test	Couleur du papier après le test	Résultat
Rouge	Bleu	Basique
Rouge	Rouge	Acide ou neutre

LA DÉTERMINATION DU pH À L'AIDE DE PAPIER TOURNESOL NEUTRE

Couleur du papier avant le test	Couleur du papier après le test	Résultat
Violet	Bleu	Basique
Violet	Rouge	Acide
Violet	Violet	Neutre

La réaction au papier de dichlorure de cobalt

Le papier de dichlorure de cobalt indique si une substance contient de l'eau.

Une méthode pour observer la réaction d'un liquide au papier de dichlorure de cobalt

1 Tremper un morceau de papier de dichlorure de cobalt dans le liquide à tester.

2 Si le papier devient rose ou d'un autre bleu, cela indique que la substance testée contient probablement de l'eau.

Avant

Après

2.40

Cette substance contient probablement de l'eau puisque le papier de dichlorure de cobalt change de couleur à son contact.

La réaction à l'eau de chaux

L'eau de chaux réagit en présence de dioxyde de carbone.

Une méthode pour tester la réaction d'un gaz à l'eau de chaux

1 Mettre le gaz à tester en présence d'eau de chaux.

2 Si l'eau de chaux se brouille, cela indique que le gaz testé est probablement du dioxyde de carbone (CO_2).

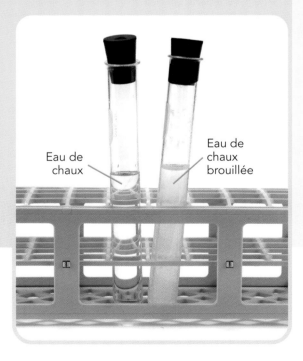

Eau de chaux

Eau de chaux brouillée

2.41

L'éprouvette de droite contient probablement du dioxyde de carbone puisque l'eau de chaux se brouille à son contact.

La réaction au tison

Le tison met en évidence la présence d'un gaz pouvant générer la combustion.

Une méthode pour tester la réaction d'un gaz au tison

1 Mettre le gaz à tester dans une éprouvette et la fermer à l'aide d'un bouchon.

2 Allumer une éclisse de bois puis l'éteindre.

3 Ouvrir brièvement l'éprouvette et y insérer immédiatement le tison.

4 Si le tison se rallume, cela indique que le gaz testé est probablement du dioxygène ou un autre gaz pouvant générer la combustion.

2.42
Cette éprouvette contient probablement du dioxygène puisque le tison se rallume en sa présence.

La réaction à l'éclisse de bois enflammée

L'explosion provoquée par une éclisse de bois enflammée confirme la présence d'un gaz explosif.

Une méthode pour tester la réaction d'un gaz à l'éclisse de bois enflammée

1 Mettre le gaz à tester dans une éprouvette et la fermer à l'aide d'un bouchon.

2 Allumer une éclisse de bois.

3 Ouvrir brièvement l'éprouvette et placer immédiatement l'éclisse enflammée à son ouverture.

4 S'il se produit une explosion, cela indique que le gaz testé est probablement du dihydrogène ou un autre gaz explosif.

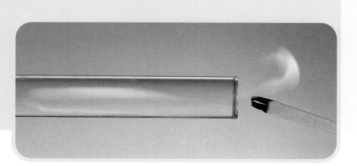

2.43
Cette éprouvette contient probablement du dihydrogène puisque l'éclisse de bois enflammée provoque une explosion en sa présence.

La réaction à la flamme

Lors de la combustion à la flamme, certaines substances émettent une flamme d'une couleur qui leur est propre.

Une méthode pour tester la réaction d'une substance à la flamme

1. Mettre quelques cristaux de la substance à tester sur un fil en boucle.

2. Placer le fil dans la flamme d'un brûleur.

3. Noter la couleur de la flamme.

4. Comparer la couleur de la flamme avec les couleurs indiquées dans un tableau de référence, comme celui présenté ci-dessous.

2.44
Cette substance est probablement un composé de lithium puisque sa flamme est rouge vif.

LA COULEUR ÉMISE LORS DE LA COMBUSTION DE CERTAINES SUBSTANCES

Couleur émise lors de la combustion	Substance	Exemple
Violet	Composé de potassium	Nitrate de potassium (KNO_3)
Vert	Composé de baryum	Chlorure de baryum ($BaCl_2$)
Jaune	Composé de sodium	Nitrate de sodium ($NaNO_3$)
Orange	Composé de calcium	Nitrate de calcium ($Ca(NO_3)_2$)
Rouge	Composé de strontium	Dihydroxyde de strontium ($Sr(OH)_2$)
Rouge vif	Composé de lithium	Chlorure de lithium ($LiCl$)

COMMENT IDENTIFIER les substances nutritives présentes dans les aliments

Les aliments contiennent différentes substances nutritives. Pour déterminer lesquelles, on peut utiliser des indicateurs. Le tableau de la page suivante présente des indicateurs qui peuvent être utilisés pour détecter certaines substances nutritives.

Indicateur	Comportement de l'indicateur et substance nutritive qu'il détecte
Réactif de Fehling	Passe du bleu à l'orangé avec formation d'un précipité en présence de glucides simples (comme le glucose) ou de glucides doubles (comme le lactose).
Lugol	Passe du brun orangé au noir violet en présence d'amidon.
Soudan IV	Se mélange bien à l'aliment s'il contient des lipides. L'aliment prend alors une couleur rouge.
Réactif de biuret	Passe du bleu au violet en présence de protéines.
Indophénol	D'abord bleu, il devient incolore en présence de vitamine C.
Nitrate d'argent	Forme un précipité blanc lorsqu'il y a présence de sels minéraux faits de chlorure, comme le chlorure de sodium (NaCl) et le dichlorure de magnésium (MgCl$_2$).
Oxalate d'ammonium	Forme un précipité blanc lorsqu'il y a présence de calcium, une substance nutritive de la catégorie des minéraux.

La réaction d'un aliment avec le réactif de Fehling

Le réactif de Fehling est un indicateur qui permet de déterminer si un aliment contient des glucides simples (comme le glucose) et des glucides doubles (comme le lactose). Généralement, le réactif de Fehling est constitué de deux solutions qui sont désignées par les lettres A et B. En présence de glucides simples ou doubles, cet indicateur passe du bleu à l'orangé.

Une méthode pour observer la réaction d'un aliment avec le réactif de Fehling

1. Dans un bécher, faire bouillir environ 200 ml d'eau.

2. Mettre 20 gouttes de l'aliment dans une éprouvette. Si l'aliment n'est pas liquide, le broyer avec de l'eau distillée au besoin.

3. Ajouter 10 gouttes de la solution A du réactif de Fehling.

4. Ajouter 10 gouttes de la solution B du réactif de Fehling (attention ! cette solution est corrosive).

5. Déposer l'éprouvette dans l'eau bouillante pendant 1 minute.

6. Observer le contenu de l'éprouvette.

   - Si le réactif de Fehling reste bleu, il n'y a pas de glucides simples ou doubles dans l'aliment.

   - Si le réactif de Fehling devient orangé et qu'il y a formation d'un précipité, l'aliment contient des glucides simples ou doubles.

2.45
L'éprouvette 1 ne contient pas de glucides simples ou doubles, car l'indicateur est resté bleu. L'éprouvette 2 en contient, puisque l'indicateur est devenu orangé.

La réaction d'un aliment avec le lugol

Le lugol est un indicateur qui permet de déterminer si un aliment contient de l'amidon, un glucide complexe. En présence d'amidon, cet indicateur passe du brun orangé au noir violet.

Une méthode pour observer la réaction d'un aliment avec le lugol

1. Verser quelques gouttes de lugol sur l'aliment à tester.

2. Observer la couleur du lugol.
   - Si le lugol reste brun orangé, l'aliment ne contient pas d'amidon.
   - Si le lugol devient noir violet, l'aliment contient de l'amidon.

2.46

L'éprouvette 1 ne contient pas d'amidon, car l'indicateur est resté orangé. L'éprouvette 2 en contient, puisque l'indicateur est maintenant violet.

La réaction d'un aliment avec le Soudan IV

Le Soudan IV est un indicateur qui permet de déterminer si un aliment contient des lipides. Cet indicateur se mélangera bien à un aliment contenant des lipides, car il est lipophile (soluble dans les lipides).

Une méthode pour observer la réaction d'un aliment avec le Soudan IV

1. Mettre 20 gouttes de l'aliment dans une éprouvette. Si l'aliment n'est pas liquide, le broyer avec de l'eau distillée au besoin.

2. Ajouter quelques grains de Soudan IV.

3. Fermer l'éprouvette avec un bouchon.

4. Agiter légèrement.

5. Observer le contenu de l'éprouvette.
   - Si le Soudan IV ne se dissout pas, l'aliment ne contient pas de lipides.
   - Si le Soudan IV se dissout, ce qui donne une couleur rouge à l'aliment, celui-ci contient des lipides.

2.47

L'éprouvette 1 ne contient pas de lipides, puisque l'indicateur ne s'est pas mélangé au liquide alors que l'éprouvette 2 en contient, puisque l'indicateur s'est bien mélangé.

La réaction d'un aliment avec le réactif de biuret

Le réactif de biuret est un indicateur qui permet de déterminer si un aliment contient des protéines. En présence de protéines, cet indicateur passe du bleu au violet.

Une méthode pour observer la réaction d'un aliment avec le réactif de biuret

1. Mettre 20 gouttes de l'aliment dans une éprouvette. Si l'aliment n'est pas liquide, le broyer avec de l'eau distillée au besoin.

2. Ajouter 7 gouttes du réactif de biuret.

3. Observer le contenu de l'éprouvette.
   - Si le réactif de biuret reste bleu clair, l'aliment ne contient pas de protéines.
   - Si le réactif de biuret devient violet, l'aliment contient des protéines.

2.48

L'éprouvette 1 ne contient pas de protéines, car l'indicateur est resté bleu. L'éprouvette 2 en contient, puisque l'indicateur est devenu violet.

La réaction d'un aliment avec l'indophénol

L'indophénol est un indicateur qui permet de déterminer si un aliment contient de la vitamine C. Lorsqu'un aliment contient de la vitamine C, cet indicateur qui est d'abord bleu devient incolore.

Une méthode pour observer la réaction d'un aliment avec l'indophénol

1. Mettre 20 gouttes de l'aliment dans une éprouvette. Si l'aliment n'est pas liquide, le broyer avec de l'eau distillée au besoin.

2. Ajouter 2 gouttes d'indophénol en solution.

3. Observer le contenu de l'éprouvette.
   - Si l'indophénol reste bleu, il n'y a pas de vitamine C dans l'aliment.
   - Si l'indophénol devient incolore, l'aliment contient de la vitamine C.

2.49

L'éprouvette 1 ne contient pas de vitamine C car l'indicateur est resté bleu alors que l'éprouvette 2 en contient, puisque l'indicateur est devenu incolore.

La réaction d'un aliment avec le nitrate d'argent

Le nitrate d'argent est un indicateur qui permet de déterminer si un aliment contient des sels minéraux faits de chlorure, comme le chlorure de sodium (NaCl) ou le dichlorure de magnésium ($MgCl_2$). En présence de chlorures, cet indicateur entraîne la formation d'un précipité blanc.

Une méthode pour observer la réaction d'un aliment avec le nitrate d'argent

1 Mettre 20 gouttes de l'aliment dans une éprouvette. Si l'aliment n'est pas liquide, le broyer avec de l'eau distillée au besoin.

2 Ajouter 4 gouttes de nitrate d'argent en solution (attention ! oxydant très puissant qui peut brûler la peau).

3 Observer le contenu de l'éprouvette.
- S'il ne se forme pas de précipité, il n'y a pas de sels minéraux faits de chlorure dans l'aliment.
- S'il y a formation d'un précipité blanc, l'aliment contient des sels minéraux faits de chlorures.

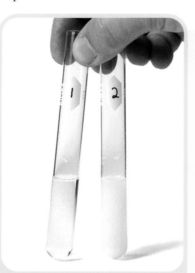

2.50

L'éprouvette 1 ne contient pas de sels minéraux faits de chlorures, car il n'y a pas eu formation d'un précipité. L'éprouvette 2 en contient, puisqu'un précipité blanc s'est formé.

La réaction d'un aliment avec l'oxalate d'ammonium

L'oxalate d'ammonium est un indicateur qui permet de déterminer si un aliment contient du calcium. En présence de calcium, cet indicateur entraîne la formation d'un précipité blanc.

Une méthode pour observer la réaction d'un aliment avec l'oxalate d'ammonium

1 Mettre 10 gouttes de l'aliment dans une éprouvette. Si l'aliment n'est pas liquide, le broyer avec de l'eau distillée au besoin.

2 Ajouter 10 gouttes d'oxalate d'ammonium en solution.

3 Observer le contenu de l'éprouvette.
- S'il ne se forme pas de précipité, il n'y a pas de calcium dans l'aliment.
- S'il y a formation d'un précipité blanc, l'aliment contient du calcium.

2.51

L'éprouvette 1 ne contient pas de calcium, car il n'y a pas eu formation d'un précipité. L'éprouvette 2 en contient, puisqu'un précipité blanc s'est formé.

COMMENT DÉTERMINER les caractéristiques du sol

Pour déterminer les caractéristiques du sol, il y a plusieurs paramètres que l'on peut mesurer. Par exemple, on peut mesurer la conductivité du sol à l'aide d'un conductimètre ou déterminer la texture du sol d'après la grosseur des particules qu'il contient. Le tableau ci-dessous présente certaines de ces caractéristiques ainsi que la méthode ou les instruments les plus appropriés pour les déterminer. Il peut s'agir d'un appareil à utiliser ou d'un test à effectuer. Il existe sur le marché plusieurs trousses servant à déterminer certaines caractéristiques du sol.

Certaines caractéristiques du sol	Méthode ou instrument pouvant être utilisé
pH	pH-mètre ou papier universel (*voir p. 20*)
Température	Thermomètre (*voir p. 19*)
Texture du sol	Observation (*voir p. 48*)
Concentration en azote	Dosage colorimétrique (*voir p. 31*)
Concentration en phosphore	Dosage colorimétrique (*voir p. 31*)
Conductivité	Conductimètre (*voir ci-dessous*)

Une méthode pour mesurer la conductivité électrique d'une substance

1 Lire le mode d'emploi du conductimètre.

2 Mettre l'appareil en contact avec la substance à mesurer suivant la recommandation du mode d'emploi.

3 Lire la valeur de la conductivité électrique sur l'appareil.

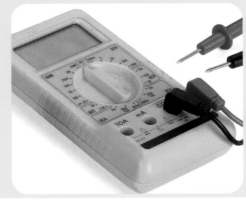

2.52

Un multimètre peut servir de conductimètre pour mesurer la conductivité d'une substance.

Une méthode pour déterminer la texture d'un sol

1 Mettre une petite quantité du sol légèrement humide à tester dans sa main.

2 Comprimer l'échantillon de sol en fermant la main.

3 Ouvrir la main.

4 Observer l'aspect du sol à l'intérieur de votre main :

- Si les particules du sol restent collées ensemble, le sol contient en majorité des particules d'argile.

- Si les particules du sol tiennent ensemble, mais qu'elles ont tendance à se désagréger, le sol contient en majorité des particules de limon.

- Si les particules du sol ne tiennent pas ensemble, le sol contient en majorité des particules de sable.

2.53
Un sol argileux.

2.54
Un sol limoneux.

2.55
Un sol sableux.

COMMENT DÉTERMINER les caractéristiques de l'eau

Pour déterminer les caractéristiques de l'eau, il y a plusieurs paramètres que l'on peut mesurer. Par exemple, on peut déterminer la turbidité de l'eau à l'aide d'un disque de Secchi ou mesurer le pH de l'eau. Le tableau ci-dessous en présente quelques-unes ainsi que la méthode la plus appropriée pour la déterminer. Dans certains cas, il s'agit d'un appareil à utiliser tandis que dans d'autres, c'est un test à effectuer. Il existe sur le marché plusieurs trousses servant à déterminer certaines caractéristiques de l'eau.

Certaines caractéristiques de l'eau	Méthode ou instrument pouvant être utilisé
pH	pH-mètre ou papier universel (*voir p. 20*)
Température	Thermomètre (*voir p. 19*)
Concentration en oxygène dissous	Titrage (*voir p. 30*)

Dureté	Titrage (*voir p. 30*)
Concentration en dioxyde de carbone	Titrage (*voir p. 30*)
Concentration en nitrate	Dosage colorimétrique (*voir p. 31*)
Concentration en phosphate	Dosage colorimétrique (*voir p. 31*)
Conductivité	Conductimètre (*voir p. 47*)
Turbidité	Disque de Secchi (*voir ci-dessous*)
Quantité d'éléments solides	Décantation, centrifugation ou filtration (*voir p. 32, 33*)
Présence de micro-organismes	Observation au microscope ou à la loupe binoculaire (*voir p. 23*)

Une méthode pour déterminer la turbidité (le manque de transparence) d'un cours d'eau

1. Attacher le disque de Secchi à une corde.
2. Plonger le disque dans le cours d'eau à tester.
3. Descendre doucement le disque jusqu'à ce qu'on ne le voie plus.
4. Faire une marque sur la corde.
5. Remonter le disque doucement jusqu'à ce qu'on l'aperçoive à nouveau.
6. Faire une deuxième marque sur la corde.
7. Retirer le disque de l'eau.
8. Mesurer la longueur de la corde entre les deux marques. Faire la moyenne des deux mesures.

2.56
Le disque de Secchi est plongé dans l'eau.

COMMENT DÉTERMINER l'humidité relative de l'air

La mesure de l'humidité relative peut s'effectuer à l'aide d'un hygromètre. L'humidité relative s'exprime en pourcentage. Elle peut aussi être mesurée à l'aide d'un psychromètre. Cet instrument est en fait constitué de deux thermomètres : l'un que l'on dit sec et l'autre que l'on dit humide. Le thermomètre sec et le thermomètre humide doivent être placés au même endroit.

Une méthode pour mesurer l'humidité relative de l'air à l'aide d'un psychromètre

1 Relever la température affichée par le thermomètre sec.

2 Relever la température affichée par le thermomètre humide.

3 Effectuer la soustraction suivante :

température du thermomètre sec – température du thermomètre humide.

4 Repérer la température affichée par le thermomètre humide dans la première colonne du tableau ci-dessous.

5 Repérer le résultat de la soustraction effectuée à l'étape 3 sur la première ligne du tableau ci-dessous.

6 À l'intersection, on trouve la valeur de l'humidité relative.

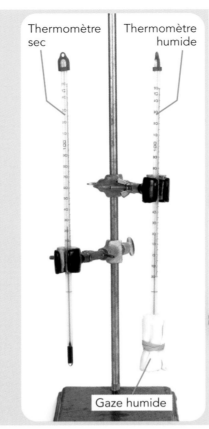

Thermomètre sec

Thermomètre humide

Gaze humide

2.57

Voici un montage qui peut servir de psychromètre.

Température du thermomètre humide (en °C)	Thermomètre sec – thermomètre humide												
	0	0,5	1,0	1,5	2,0	2,5	3,0	3,5	4,0	4,5	5,0	5,5	6,0
0	100	90	81	72	64	56	50	42	36	30	25	20	16
1	100	91	82	74	66	58	52	45	39	34	28	23	18
2	100	91	83	75	67	60	54	48	42	36	31	26	22
3	100	92	84	76	69	62	56	50	44	39	34	29	25
4	100	92	84	77	70	64	57	52	47	41	36	32	28
5	100	93	85	78	71	65	59	54	48	43	39	34	30
6	100	93	85	79	72	66	61	55	50	45	41	36	33
7	100	93	86	79	73	67	62	57	52	47	43	39	35
8	100	93	87	80	74	69	63	58	54	49	45	41	37
9	100	94	87	81	75	70	65	60	55	51	47	43	39
10	100	94	87	82	76	71	66	61	57	53	49	45	41
11	100	95	89	83	77	72	67	62	58	54	50	47	43
12	100	94	89	83	78	73	68	63	59	56	52	48	44
13	100	95	90	84	78	74	69	65	61	57	53	50	46
14	100	95	89	84	79	74	70	66	62	58	54	51	47
15	100	94	89	84	80	75	71	67	63	59	55	52	49
16	100	95	90	85	80	76	72	68	64	60	57	54	50
17	100	95	90	85	81	77	72	69	65	62	58	55	52
18	100	95	90	86	81	77	74	70	66	63	59	56	53
19	100	95	91	86	82	78	74	70	66	63	60	57	54
20	100	96	91	87	82	78	74	71	67	64	61	58	55
21	100	96	91	87	83	79	75	72	68	65	62	59	56
22	100	95	91	87	83	80	76	72	69	66	63	60	57
23	100	96	91	87	84	80	76	73	69	67	63	61	58

COMMENT DÉTERMINER les caractéristiques d'un courant électrique

Lorsqu'on réalise un circuit électrique, il peut être intéressant de mesurer l'intensité du courant qui y circule ou la différence de potentiel (tension) aux bornes d'un élément du circuit. De plus, il existe un code de couleurs qui permet de déterminer la résistance d'un résistor.

Une méthode pour mesurer l'intensité du courant

1 Brancher ensemble les différents éléments du circuit électrique en respectant le schéma électrique, s'il y a lieu.

2 Repérer l'endroit où l'on veut mesurer l'intensité du courant.

3 Ouvrir le circuit à cet endroit. Pour ce faire, débrancher un des fils.

4 Insérer l'ampèremètre dans le circuit électrique de façon à ce qu'il soit branché en série (à la suite des autres composantes du circuit).

5 Refermer le circuit en branchant des fils dans chacune des bornes de l'ampèremètre. S'assurer que la borne positive de l'ampèremètre est orientée vers la borne positive de la source de courant. Si l'ampèremètre comporte plusieurs échelles, utiliser en premier lieu la plus grande. S'il n'y a pas de lecture, utiliser l'échelle suivante.

6 Noter l'intensité du courant évaluée par l'ampèremètre.

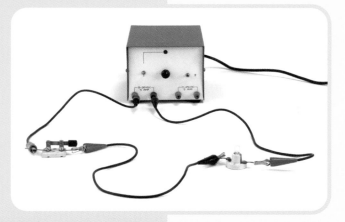

2.58

Un circuit électrique.

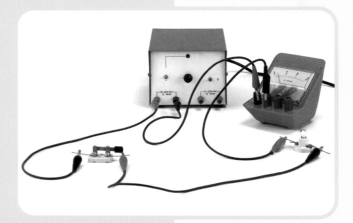

2.59

L'ampèremètre est branché en série dans le circuit électrique.

Une méthode pour mesurer la différence de potentiel

1 Brancher ensemble les différents éléments du circuit électrique en respectant le schéma électrique, s'il y a lieu.

2 Repérer l'élément du circuit dont on veut mesurer la différence de potentiel.

3 Sans ouvrir le circuit, brancher le voltmètre en parallèle par rapport à l'élément à mesurer. Pour ce faire, brancher un fil dans chaque borne du voltmètre et le relier de chaque côté de l'élément à mesurer. S'assurer que la borne positive du voltmètre est orientée vers la borne positive de la source de courant. Si le voltmètre comporte plusieurs échelles, utiliser en premier lieu la plus grande. S'il n'y a pas de lecture, utiliser l'échelle suivante.

4 Noter la différence de potentiel évaluée par le voltmètre.

2.60

Le voltmètre est branché en parallèle.

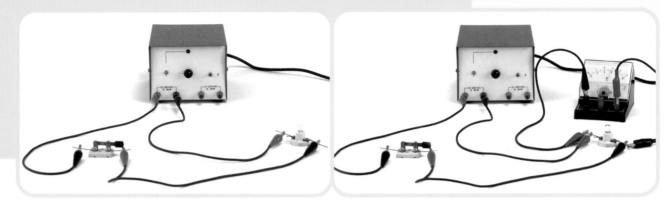

Une méthode pour déterminer la résistance offerte par un résistor à l'aide de son code de couleur

1 Observer les bandes de couleur sur le résistor.

La première bande représente le premier chiffre.

La deuxième représente le deuxième chiffre.

La troisième représente le nombre de zéros qui suivent.

La quatrième bande, s'il y a lieu, représente la précision.

2 À l'aide du code de couleur, associer le chiffre correspondant à la couleur de chacune des bandes.

3 Indiquer la valeur de la résistance. Cette valeur est en ohm (Ω).

TABLEAU DU CODE DE COULEUR DES RÉSISTORS

Couleur	Résistance	Couleur	Résistance	Couleur	Résistance
Noir	0	Jaune	4	Gris	8
Marron	1	Vert	5	Blanc	9
Rouge	2	Bleu	6		
Orange	3	Violet	7		

Précision (donnée par la quatrième bande): or: ± 5 %; argent: ± 10 %; aucune: ± 20 %

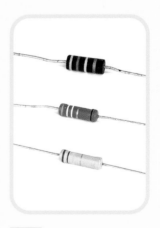

2.61

C'est la couleur des bandes du résistor qui indique sa résistance. Ici, les résistors ont des résistances de $43 \times 10^4 \pm 5\%$ Ω (en haut), $59 \times 10^9 \pm 5\%$ Ω (au centre) et $22 \times 10^4 \pm 5\%$ Ω (en bas).

COMMENT EFFECTUER des calculs stœchiométriques

Les calculs stœchiométriques permettent de prédire les quantités de réactifs requises pour réaliser une expérimentation ou les quantités de substances produites. C'est l'équation chimique qui servira de référence pour faire les calculs.

Une méthode pour effectuer des calculs stœchiométriques

1. Transcrire l'équation chimique balancée en séparant chacune des substances en colonne.

2. En-dessous de chacune des substances, écrire le nombre de moles relatif pour chacune d'elles. Il correspond au coefficient précédant chaque substance.

3. En utilisant les formules mathématiques appropriées, trouver les correspondances nécessaires en fonction des données du problème.

    Dans cet exemple, les moles ont été transformées en grammes par la formule

    $m = M \times n$

4. En-dessous des substances appropriées, indiquer les informations fournies dans l'énoncé du problème. Ne pas oublier de préciser les unités.

5. Parmi les informations fournies par l'équation chimique, sélectionner celles ayant les mêmes unités que les informations de l'énoncé du problème.

6. Retranscrire les données sélectionnées sous celles du problème à résoudre.

7. À l'aide de ces données, effectuer une règle de trois.

Note : (g) en indice signifie phase gazeuse ;
(l) en indice signifie phase liquide.

Combien de moles d'eau seront produites par la réaction de 6 g de dihydrogène ?

Exemple :

$2H_{2(g)}$ + $O_{2(g)}$ ⟶ $2H_2O_{(l)}$ **①**

$2H_{2(g)}$	$O_{2(g)}$	$2H_2O_{(l)}$ **②**
2 mol	1 mol	2 mol

$2H_{2(g)}$	$O_{2(g)}$	$2H_2O_{(l)}$ **③**
2 mol	1 mol	2 mol
4 g	32 g	36 g

$2H_{2(g)}$	$O_{2(g)}$	$2H_2O_{(l)}$ **④**
2 mol	1 mol	2 mol
4 g	32 g	36 g
6 g		? mol

$2H_{2(g)}$	$O_{2(g)}$	$2H_2O_{(l)}$ **⑤**
2 mol	1 mol	(2 mol)
(4 g)	32 g	36 g
6 g		? mol

$2H_{2(g)}$	$O_{2(g)}$	$2H_2O_{(l)}$ **⑥**
2 mol	1 mol	(2 mol)
(4 g)	32 g	36 g
6 g		? mol
4 g		2 mol

$$\frac{6 \text{ g} \times 2 \text{ mol}}{4 \text{ g}} = 3 \text{ mol} \quad ⑦$$

Donc, 3 moles d'eau seront produites par la réaction de 6 g de dihydrogène.

COMMENT BALANCER des équations chimiques

Pour respecter la loi de la conservation de la matière, il faut balancer les équations chimiques, c'est-à-dire trouver les coefficients adéquats pour chaque substance de l'équation afin que le nombre de chaque sorte d'atome soit le même du côté des réactifs et des produits.

Balancer l'équation de la synthèse de l'eau.

Exemple :

Une méthode pour balancer une équation

1 Séparer une feuille en trois colonnes. Dans la première colonne, placer les réactifs, dans la deuxième, placer la flèche et dans la troisième, placer les produits.

2 Retranscrire, en les séparant, chacun des réactifs en-dessous de ceux-ci dans la même colonne. Il n'est pas nécessaire d'indiquer la phase ni les signes +.

3 Dans la colonne du centre, écrire séparément tous les atomes constituant les réactifs. Il est préférable de regrouper ensemble les atomes de même nature.

4 À partir des atomes de la colonne centrale, former autant de produits que possible. Au fur et à mesure, barrer les atomes utilisés dans la colonne centrale. Transcrire les produits formés dans la colonne de droite. S'assurer de respecter la formule moléculaire des produits.

5 Si nécessaire, ajouter des réactifs jusqu'à ce que tous les atomes de la colonne centrale puissent être utilisés pour faire des produits.

6 Faire le décompte des réactifs et des produits afin d'écrire l'équation balancée.

Note : (g) en indice signifie phase gazeuse ;
(l) en indice signifie phase liquide.

Réactifs	se transforment en	produits	
$H_{2(g)} + O_{2(g)}$	$\longrightarrow$	$H_2O_{(l)}$	**1**

Réactifs	se transforment en	produits	
$H_{2(g)} + O_{2(g)}$	$\longrightarrow$	$H_2O_{(l)}$	**2**
H_2 O_2			

Réactifs	se transforment en	produits	
$H_{2(g)} + O_{2(g)}$	$\longrightarrow$	$H_2O_{(l)}$	**3**
H_2 O_2	H → O / H → O		

Réactifs	se transforment en	produits	
$H_{2(g)} + O_{2(g)}$	$\longrightarrow$	$H_2O_{(l)}$	**4**
H_2 O_2	H̶ O̶ / H̶ O	H_2O	

Réactifs	se transforment en	produits	
$H_{2(g)} + O_{2(g)}$	$\longrightarrow$	$H_2O_{(l)}$	**5**
H_2 O_2	H̶ O̶	H_2O	
H_2	H̶ O		
	→ H / → H		

Réactifs	se transforment en	produits
$H_{2(g)} + O_{2(g)}$	$\longrightarrow$	$H_2O_{(l)}$
H_2 O_2	H̶ O̶	H_2O
H_2	H̶ O̶	H_2O
	H̶	
	H̶	

$2H_{2(g)} + O_{2(g)}$	$\longrightarrow$	$2H_2O_{(l)}$	**6**

À l'atelier, les instruments, les outils, les machines et les matériaux constituent l'ensemble des éléments à utiliser pour concevoir et analyser des objets ou des systèmes technologiques. Chacun a sa fonction et son utilité propres qu'il est utile de connaître.

À L'ATELIER

SOMMAIRE

LE MATÉRIEL

LES TECHNIQUES

LE MATÉRIEL

DESSINER

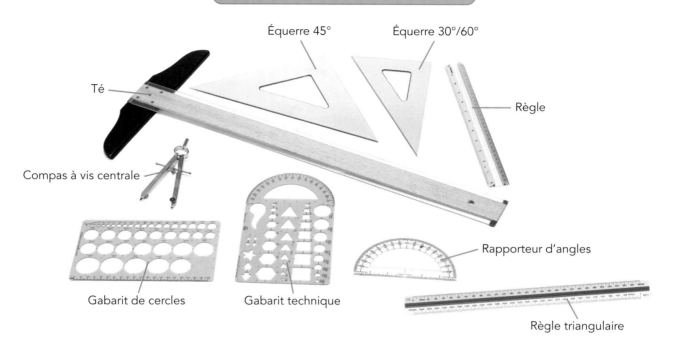

Équerre 45°

Équerre 30°/60°

Té

Règle

Compas à vis centrale

Rapporteur d'angles

Gabarit de cercles

Gabarit technique

Règle triangulaire

MESURER ET TRACER

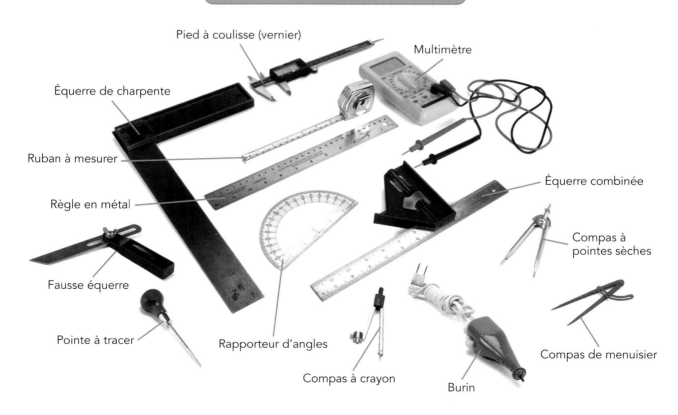

Pied à coulisse (vernier)

Multimètre

Équerre de charpente

Ruban à mesurer

Équerre combinée

Règle en métal

Compas à pointes sèches

Fausse équerre

Pointe à tracer

Rapporteur d'angles

Compas de menuisier

Compas à crayon

Burin

ASSEMBLER

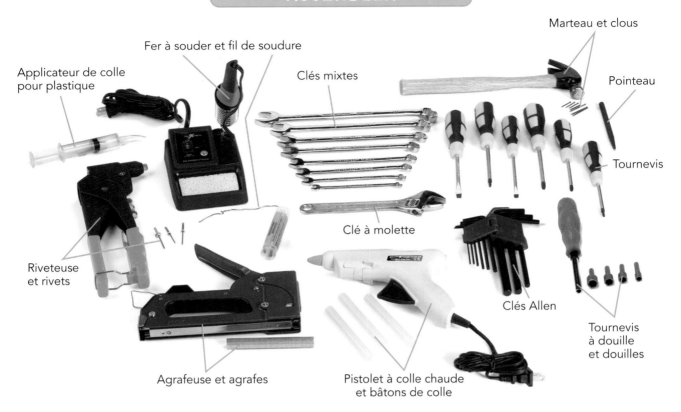

Applicateur de colle pour plastique

Fer à souder et fil de soudure

Clés mixtes

Marteau et clous

Pointeau

Tournevis

Clé à molette

Riveteuse et rivets

Clés Allen

Tournevis à douille et douilles

Agrafeuse et agrafes

Pistolet à colle chaude et bâtons de colle

MAINTENIR

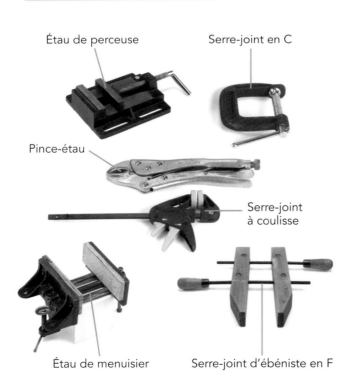

Étau de perceuse

Serre-joint en C

Pince-étau

Serre-joint à coulisse

Étau de menuisier

Serre-joint d'ébéniste en F

PINCER

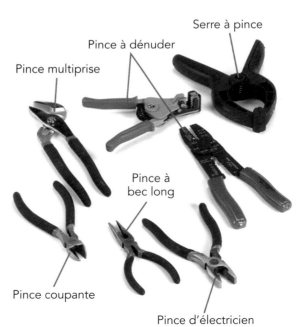

Serre à pince

Pince à dénuder

Pince multiprise

Pince à bec long

Pince coupante

Pince d'électricien

PERCER

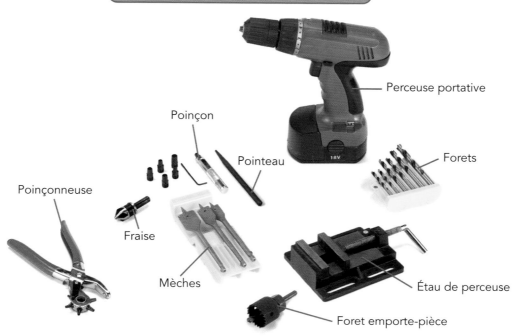

Perceuse portative

Poinçon

Pointeau

Forets

Poinçonneuse

Fraise

Mèches

Étau de perceuse

Foret emporte-pièce

DÉCOUPER

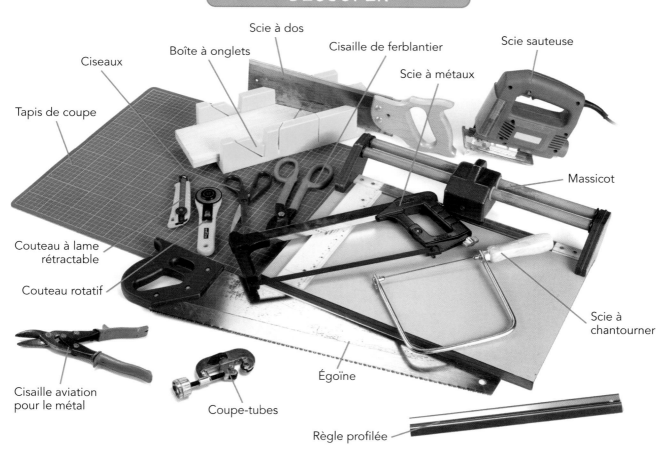

Scie à dos

Cisaille de ferblantier

Scie sauteuse

Boîte à onglets

Scie à métaux

Ciseaux

Tapis de coupe

Massicot

Couteau à lame rétractable

Couteau rotatif

Scie à chantourner

Cisaille aviation pour le métal

Coupe-tubes

Égoïne

Règle profilée

FAÇONNER

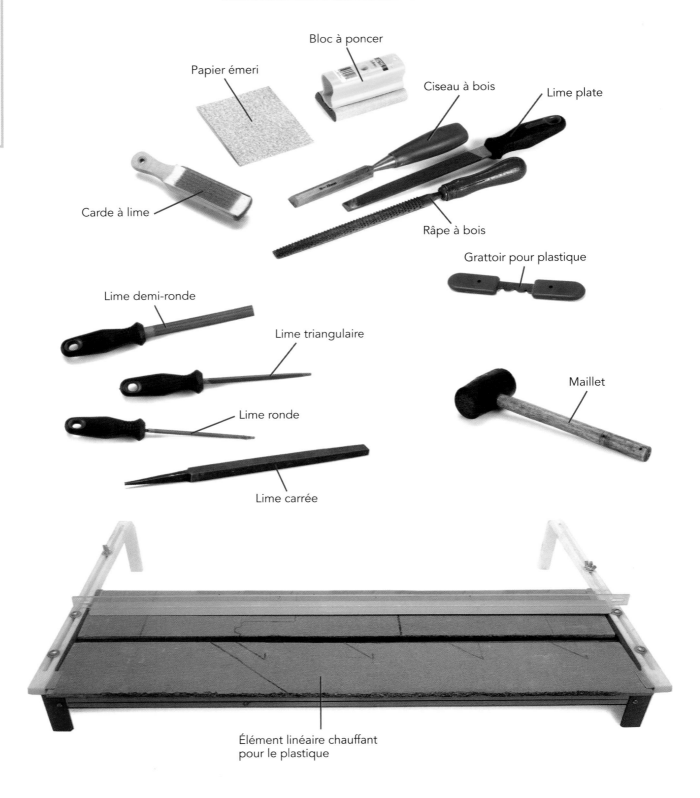

Papier émeri

Bloc à poncer

Ciseau à bois

Lime plate

Carde à lime

Râpe à bois

Grattoir pour plastique

Lime demi-ronde

Lime triangulaire

Lime ronde

Maillet

Lime carrée

Élément linéaire chauffant
pour le plastique

UTILISER
DES MACHINES-OUTILS

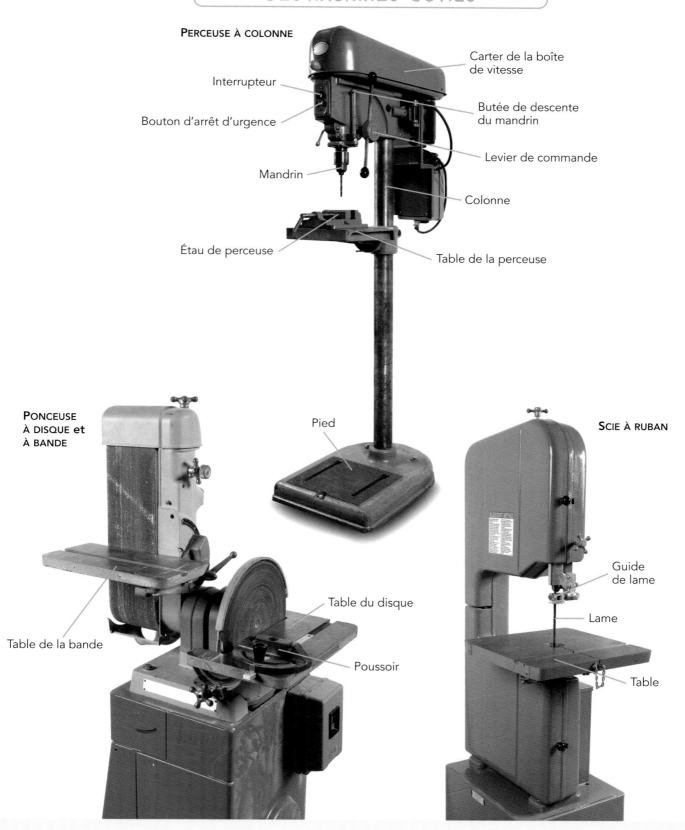

PERCEUSE À COLONNE

Carter de la boîte de vitesse

Interrupteur

Butée de descente du mandrin

Bouton d'arrêt d'urgence

Levier de commande

Mandrin

Colonne

Étau de perceuse

Table de la perceuse

Pied

PONCEUSE À DISQUE et À BANDE

SCIE À RUBAN

Guide de lame

Lame

Table du disque

Poussoir

Table de la bande

Table

LES TECHNIQUES

À l'atelier, les méthodes du dessin technique sont à connaître et à maîtriser. Elles comprennent notamment la réalisation de tracés géométriques, de dessin en projection, de vues en coupe, ainsi que le recours aux échelles, aux schémas et à leurs symboles. De plus, pour concevoir un objet, il faut savoir utiliser adéquatement le matériel permettant la fabrication des objets.

COMMENT DESSINER
les lignes de base en dessin technique

Un dessin technique est une illustration qui représente un objet en vue de sa conception ou de son analyse. Il doit donc être complet, descriptif, clair et facile à comprendre.

En dessin technique, chaque ligne a sa propre signification. De cette façon, l'interprétation du dessin est la même pour tous. Des conventions internationales proposent une signification précise pour différentes lignes. Ces lignes sont appelées les «lignes de base».

LES TROIS TYPES DE TRAITS UTILISÉS EN DESSIN TECHNIQUE

Fort	————————
Moyen	————————
Fin	————————

QUELQUES LIGNES DE BASE EN DESSIN TECHNIQUE

Nom	Signification	Aspect	Caractéristiques du trait
Ligne de contour visible	Représente les contours de l'objet.	————————	Fort et continu.
Ligne de contour caché	Représente les contours cachés de l'objet.	– – – – – – – –	Moyen et composé de petits traits.
Ligne de construction	Sert à l'ébauche du dessin. Lorsque le dessin est terminé, elle est foncée ou effacée.	————————	Fin et continu.
Ligne d'axe	Indique le centre d'un cercle ou d'une figure symétrique. Sert aussi à indiquer l'emplacement d'une section.	——— — ———	Fin; laisse voir un petit trait au centre.
Ligne de cote	Indique la longueur d'une dimension de l'objet ou d'une partie de celui-ci. On la place entre deux lignes d'attache.	←——— 2,75 ———→	Fin, continu et muni de deux pointes de flèche.
Ligne d'attache	Marque les limites d'une cote.	| |	Fin et continu.

Nom	Signification	Aspect	Caractéristiques du trait
Ligne d'axe de coupe	Indique l'emplacement d'une coupe.		Fort, continu et muni de deux pointes de flèche indiquant le sens d'observation de la coupe.
Hachure	Indique une surface qu'on imagine coupée.		Fin, oblique et également espacé.
Ligne de brisure (courte et longue)	Indique qu'il y a une partie de l'objet qui n'est pas dessinée.		Fort et à main levée.
			Fin et muni de marques de brisure.
Ligne de renvoi	Indique à quelle zone du dessin une note fait référence.		Fin et muni d'une pointe de flèche ; comporte généralement un angle de 30°, 45° ou 60°.

COMMENT RÉALISER

un tracé géométrique

Comme leur nom l'indique, les tracés géométriques s'appuient sur des principes de géométrie. Dans cette section, nous présentons quelques techniques permettant de réaliser des tracés géométriques à l'aide des instruments de dessin technique. Ces méthodes, qui peuvent paraître inutiles à certains, sont à la base de tout dessin technique réussi.

Une méthode pour fixer une feuille de papier sur une planche à dessin

1 Placer la feuille sur la planche à dessin.

2 Placer le té sur la feuille tout en s'assurant que la tête du té est bien appuyée contre le bord de la planche à dessin.

3 Aligner le bord supérieur de la feuille et le bord supérieur de la lame du té.

(suite à la page suivante)

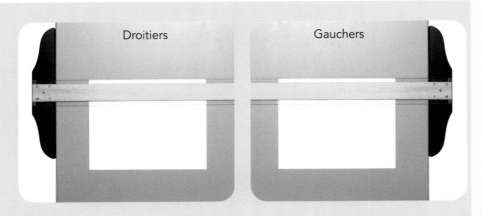

Droitiers

Gauchers

④ Mettre du ruban adhésif aux deux coins inférieurs de la feuille.

⑤ Tout en maintenant la feuille dans sa position, déplacer le té vers le centre de la feuille et mettre du ruban adhésif aux coins supérieurs de la feuille.

3.1

La fixation d'une feuille de papier sur une planche à dessin.

Une méthode pour tracer une droite horizontale

① Bien appuyer la tête du té sur le bord de la planche à dessin.

② Placer le bord supérieur du té à l'endroit où vous désirez construire la droite.

③ Tracer la ligne en suivant le té et en inclinant légèrement le crayon.

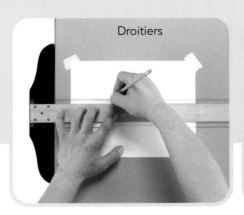

Droitiers

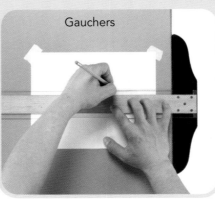

Gauchers

3.2

La construction d'une droite horizontale avec le té.

(suite)

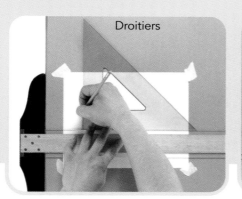

Une méthode pour tracer une droite verticale à l'aide d'une équerre

1. Bien appuyer la tête du té sur le rebord de la planche à dessin et mettre du ruban adhésif aux quatre coins de la feuille.

2. Placer le bord supérieur du té sous l'endroit où doit commencer le trait vertical.

3. Appuyer une équerre sur le bord supérieur du té, avec une arête verticale du côté de la main qui n'écrit pas.

4. Tracer la ligne en suivant l'arête appropriée de l'équerre et en inclinant légèrement le crayon. Le trait ne débute pas au té, mais un peu au-dessus.

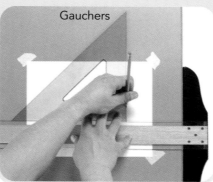

Droitiers | Gauchers

Équerre 30°/60°

3.3

La construction d'une droite verticale avec le té et une équerre.

Une méthode pour construire une droite oblique à l'aide d'équerres

1. Bien appuyer la tête du té sur le rebord de la planche à dessin.

2. Placer le bord supérieur du té sous l'endroit où doit débuter le trait oblique.

3. Positionner les équerres (45° et 30°/60°) sur le bord supérieur du té dans la position correspondant à l'angle souhaité. L'utilisation d'équerres permet de construire des angles de 15°, 30°, 45°, 60°, 75° ou 90°.

4. Tracer la ligne en suivant l'arête supérieure de l'équerre et en inclinant légèrement le crayon.

Équerre 45°

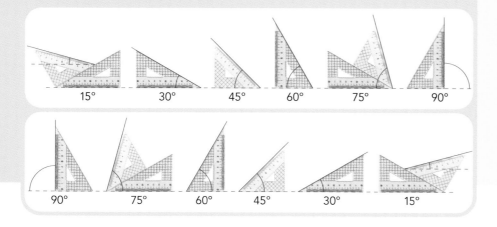

15° | 30° | 45° | 60° | 75° | 90°

90° | 75° | 60° | 45° | 30° | 15°

3.4

Le positionnement des équerres pour tracer des droites obliques de différents angles.

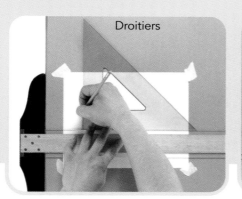

À L'ATELIER

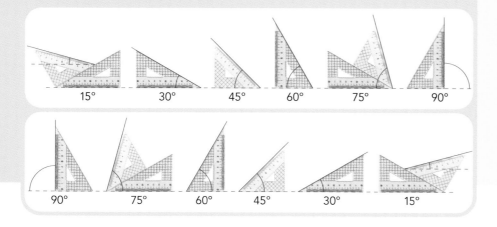

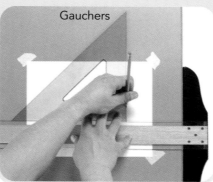

Une méthode pour tracer une droite oblique avec un rapporteur d'angles

1. Tracer un point à l'endroit où doit passer la droite oblique.

2. Bien appuyer la tête du té sur le rebord de la planche à dessin.

3. Placer le bord supérieur du té près de l'endroit où doit débuter le trait oblique.

4. Positionner le rapporteur d'angles sur le bord supérieur du té et déplacer les deux instruments de façon que le point d'origine du rapporteur d'angles coïncide avec le point tracé sur la feuille.

5. Tracer un second point sur la feuille, selon l'angle désiré.

6. Retirer le rapporteur d'angles et le té.

7. À l'aide d'une règle, d'une équerre ou du rapporteur d'angles, tracer une droite reliant les deux points.

3.5

La construction d'une droite oblique à l'aide d'un rapporteur d'angles. Ici, la droite tracée a un angle de 50° par rapport à l'horizontale.

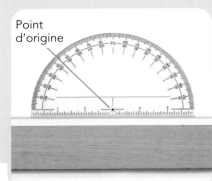

Point d'origine

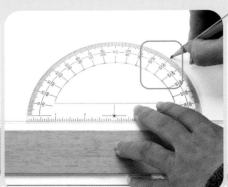

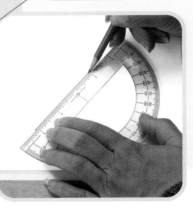

Une méthode pour tracer un cercle ou un arc de cercle avec un gabarit

1. Sur la feuille de papier, tracer les lignes d'axes du cercle ou de l'arc de cercle que l'on désire dessiner.

2. Sur le gabarit de cercles, choisir le cercle qui a le diamètre voulu.

3. Aligner les lignes d'axes du dessin avec les axes de symétrie du gabarit choisi.

4. Tracer le cercle ou l'arc de cercle en suivant le gabarit.

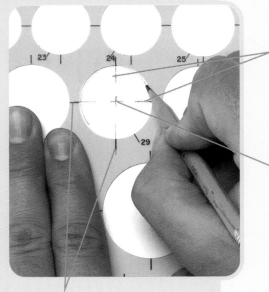

Lignes d'axes du cercle

L'intersection des lignes d'axes correspond au centre du cercle à tracer

Axes de symétrie du gabarit

3.6

Ici, le cercle tracé a un diamètre de 29 mm.

Une méthode pour tracer un cercle ou un arc de cercle avec un compas

1. Sur la feuille de papier, tracer les lignes d'axes du cercle ou de l'arc de cercle que l'on désire dessiner.

2. Ouvrir le compas afin que la distance entre la mine et la pointe sèche corresponde au rayon du cercle qu'on désire tracer.

3. Placer la pointe sèche du compas à l'intersection des lignes d'axes.

4. Tracer le cercle en tenant le compas par la tête et en le faisant tourner lentement.

3.7
Le tracé d'un cercle à l'aide d'un compas.

Une méthode pour repérer le centre d'un cercle

1. Tracer une corde (ligne droite qui joint deux points d'une circonférence) n'importe où à l'intérieur du cercle.

2. Mesurer et tracer un trait au centre de cette corde.

3. Tracer une droite perpendiculaire à la corde passant par le centre de celle-ci.

4. Trouver le milieu de la deuxième droite tracée : il s'agit du centre du cercle.

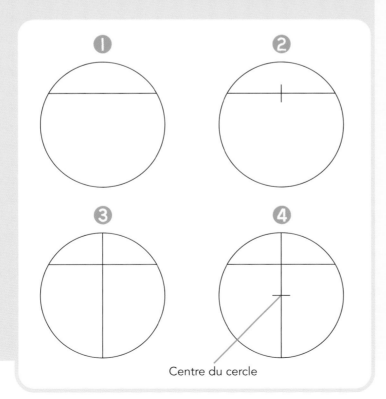

Centre du cercle

3.8
Le repérage du centre d'un cercle.

COMMENT RÉALISER
un dessin à l'échelle

En dessin technique, il arrive souvent que les objets soient trop petits ou trop grands pour être dessinés en grandeur réelle. C'est pourquoi, la plupart du temps, la représentation d'un objet se fait à l'échelle, c'est-à-dire que toutes ses dimensions sont agrandies ou réduites d'un même facteur sur le dessin.

Une méthode pour calculer une mesure sur un dessin à l'échelle

- Si une échelle de réduction est utilisée, par exemple 1:10, il suffit de diviser la mesure réelle par le facteur de réduction de l'échelle, ici 10, pour obtenir la mesure à l'échelle.

- Si une échelle d'agrandissement est utilisée, par exemple 2:1, il suffit de multiplier la mesure réelle par le facteur d'agrandissement de l'échelle, dans ce cas 2, pour obtenir la mesure à l'échelle.

Exemple :

On veut représenter une rampe pour sauter en vélo, dont les côtés mesurent respectivement 920 mm, 450 mm et 800 mm, à l'échelle 1:10.

Comme il s'agit d'une échelle de réduction, il faut diviser chaque mesure par le facteur de réduction. Les mesures sur le dessin sont alors :

920 mm ÷ 10 = 92 mm
450 mm ÷ 10 = 45 mm
800 mm ÷ 10 = 80 mm

La rampe dessinée mesure donc 92 mm par 45 mm par 80 mm.

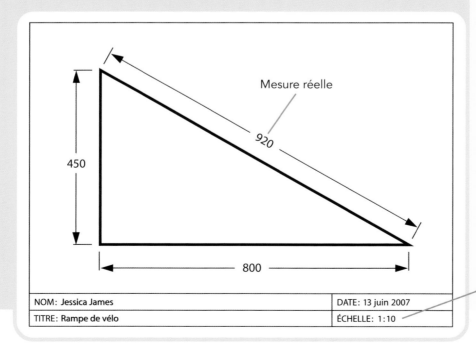

Mesure réelle

920

450

800

Échelle de réduction

| NOM: Jessica James | DATE: 13 juin 2007 |
| TITRE: Rampe de vélo | ÉCHELLE: 1:10 |

COMMENT UTILISER
une règle triangulaire (ou règle d'architecte)

Pour exécuter un dessin à l'échelle ou déterminer la longueur réelle d'un trait qui a été tracé à l'échelle, on peut utiliser une règle triangulaire, aussi appelée « règle d'architecte ». Les graduations de cette règle n'indiquent pas la longueur qu'a un trait sur un dessin, mais bien celle qu'aurait ce trait réellement sur l'objet.

Une méthode pour lire une mesure avec une règle triangulaire

1 Repérer la notation de l'échelle qui a été utilisée pour réaliser le dessin. Cette information se retrouve souvent dans un cartouche.

2 Choisir le rebord de la règle triangulaire indiquant les graduations à la même échelle que celle qui a été utilisée pour réaliser le dessin.

3 Placer le zéro au début du trait à mesurer.

4 Prendre la lecture de la longueur. Il s'agit de la grandeur réelle d'une mesure de l'objet dessiné.

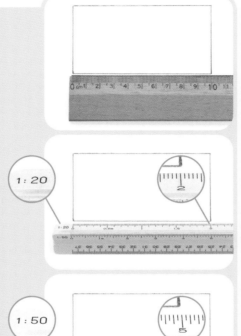

3.9
La règle triangulaire permet de s'apercevoir rapidement qu'un trait qui a une longueur de 100 mm sur un dessin réalisé à l'échelle 1:20 représente une longueur réelle de 2 m (2 000 mm). De même, si un trait d'une longueur de 100 mm a été réalisé sur un dessin à l'échelle 1:50, il représente une longueur réelle de 5 m (5 000 mm).

Une méthode pour tracer des traits à l'échelle à l'aide d'une règle triangulaire

1 Choisir le rebord de la règle triangulaire indiquant les graduations de l'échelle à utiliser.

2 Poser le rebord choisi sur la feuille, en prenant soin d'aligner le zéro des graduations de la règle là où doit débuter le trait.

3 Tracer le trait du zéro jusqu'à la graduation marquant la longueur réelle de l'objet.

3.10
Traçage d'un trait à l'échelle 1:5. Sa longueur sur le dessin n'est que de 40 mm, mais il représente une longueur réelle de 200 mm.

Échelle utilisée

COMMENT RÉALISER
des dessins en projection

Lorsqu'on souhaite représenter un objet à l'aide d'un dessin, un problème se pose : il faut illustrer un objet qui possède trois dimensions sur une surface qui n'en possède que deux. Pour y arriver, différentes projections peuvent être utilisées, telles que la projection isométrique, la projection à vues multiples et la projection oblique.

Une méthode pour réaliser un dessin en projection isométrique

1. À l'aide de lignes de construction (traits fins), tracer sur du papier isométrique les contours de l'objet qui semblent les plus avancés.

2. À l'aide de lignes de construction, tracer les arêtes de l'objet qui semblent s'enfoncer.

3. À l'aide de lignes de construction, tracer les autres détails de l'objet.

4. Foncer les traits définitifs et effacer les lignes en trop.

5. Coter le dessin et compléter le cartouche du dessin si nécessaire.

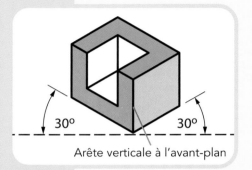

Arête verticale à l'avant-plan

3.11

Dans un dessin en projection isométrique, ici d'un fauteuil, une arête est située en avant-plan et les arêtes qui lui sont perpendiculaires sur l'objet forment un angle de 30° avec l'horizontale sur le dessin.

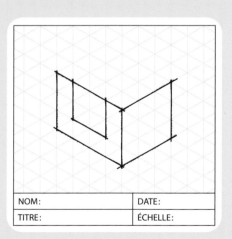

NOM:		DATE:	
TITRE:		ÉCHELLE:	

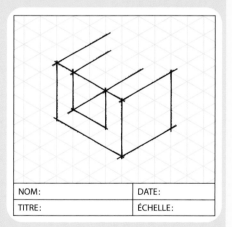

NOM:		DATE:	
TITRE:		ÉCHELLE:	

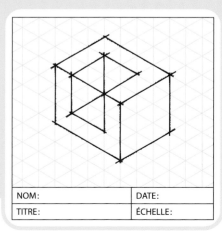

NOM:		DATE:	
TITRE:		ÉCHELLE:	

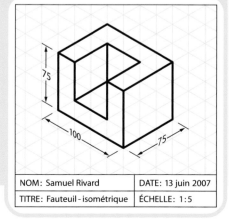

NOM: Samuel Rivard	DATE: 13 juin 2007
TITRE: Fauteuil - isométrique	ÉCHELLE: 1:5

3.12

Les étapes de la réalisation d'un dessin en projection isométrique.

Une méthode pour réaliser un dessin en projection à vues multiples

1 S'imaginer que l'objet à dessiner est placé à l'intérieur d'un cube transparent. La face présentant le plus de détails doit être imaginée face à la personne qui observe. Elle deviendra la vue de face.

2 S'imaginer comment serait projeté l'objet sur les faces du cube transparent.

3 Dessiner à l'échelle la vue de face, la vue de dessus et la vue de droite en les disposant de la même façon qu'à la figure 3.15 et en utilisant les lignes de base du dessin technique.

4 Montrer les détails cachés de l'objet sur toutes les vues à l'aide de lignes de contours cachés. S'il y a trop de détails cachés, ne représenter que les principaux, pour ne pas surcharger le dessin.

5 Si nécessaire, coter le dessin en indiquant les longueurs, les largeurs et les hauteurs réelles de l'objet.

6 Ajouter la représentation de l'objet en projection isométrique, si désiré, en la plaçant au-dessus de la vue de droite.

7 Compléter le cartouche du dessin.

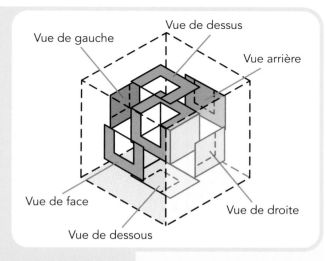

3.13

L'image d'un fauteuil est projetée sur les six faces d'un cube transparent.

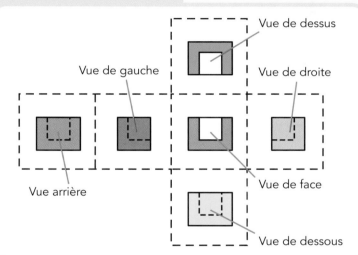

3.14

Le cube transparent est complètement déplié. L'image du fauteuil est toujours projetée sur les six faces du cube.

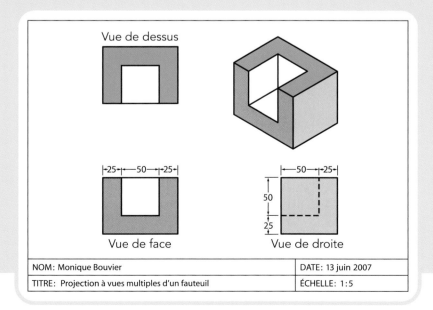

NOM: Monique Bouvier	DATE: 13 juin 2007
TITRE: Projection à vues multiples d'un fauteuil	ÉCHELLE: 1:5

3.15

Une projection à vues multiples d'un fauteuil.

Une méthode pour réaliser un dessin en projection oblique

1 Sur du papier quadrillé, tracer la vue de face de l'objet.

2 Tracer les arêtes obliques à l'aide de lignes de construction. Leur direction peut être la même que l'une des diagonales des carrés du papier quadrillé. Respecter les proportions.

3 Tracer les arêtes parallèles à celles de la vue de face.

4 Foncer les traits définitifs et effacer les lignes de construction.

5 Compléter le cartouche s'il y a lieu.

La vue de face est à l'avant-plan.

3.16

Un dessin en projection oblique d'un fauteuil.

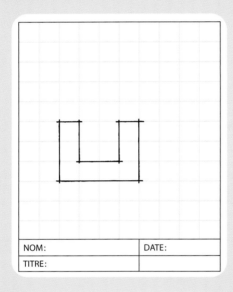

NOM:	DATE:
TITRE:	

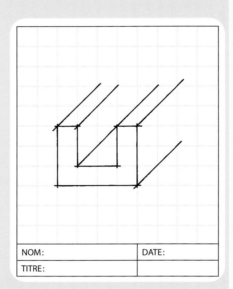

NOM:	DATE:
TITRE:	

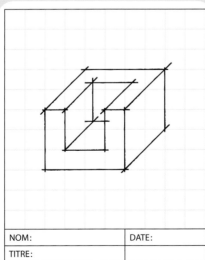

NOM:	DATE:
TITRE:	

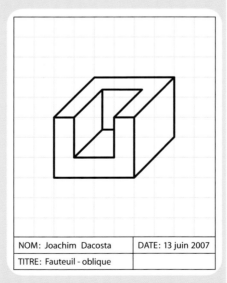

NOM: Joachim Dacosta	DATE: 13 juin 2007
TITRE: Fauteuil - oblique	

3.17

Les étapes de la réalisation d'un dessin en projection oblique.

(**COMMENT COTER**) un dessin

Coter un dessin, c'est y inscrire les dimensions réelles d'un objet en vue de sa fabrication. Il s'agit de préciser les grandeurs des côtés et l'emplacement de divers éléments de l'objet, les uns par rapport aux autres en respectant certaines conventions. Lorsque requis, la tolérance est aussi indiquée lors de la cotation. Elle précise l'erreur maximale tolérée entre la mesure spécifiée et la mesure obtenue à la suite de la fabrication de l'objet.

Une méthode pour coter

1. Utiliser des lignes d'attache et des lignes de cote pour préciser la longueur d'un côté ou la position d'un élément de l'objet, tout en respectant les normes énoncées à la figure 3.18.

2. Utiliser le symbole Ø pour préciser le diamètre d'un trou ou d'un cercle.

3. Utiliser le symbole R pour préciser le rayon de l'arc de cercle servant à réaliser un côté courbe.

4. Relier les symboles Ø et R à la partie du dessin pour laquelle ils donnent de l'information à l'aide d'une ligne de renvoi.

5. Utiliser le symbole ⟍ pour indiquer la valeur d'un angle.

6. Faire précéder l'indication de la tolérance à l'aide du symbole ±. Si la tolérance concerne toutes les mesures de la pièce dessinée, l'indiquer dans le cartouche du dessin.

7. Si possible, regrouper les cotes entre les vues ou au-dessus de celles-ci lors de la cotation d'un dessin en projection à vues multiples.

3.18

La cotation précise les dimensions des objets et la position de divers éléments. Elle suit diverses conventions. Généralement, l'unité de mesure utilisée est le millimètre.

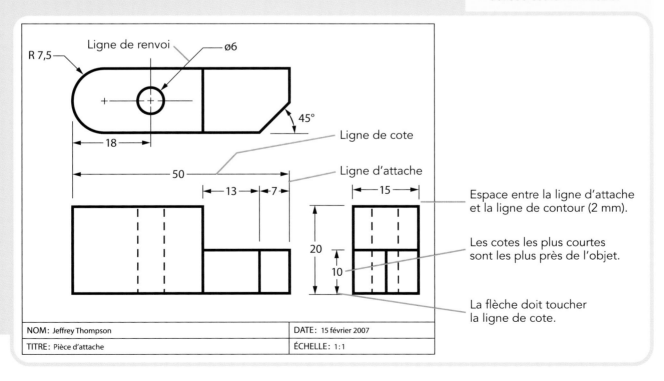

COMMENT RÉALISER une vue en coupe
et une section

Une vue en coupe est une représentation qui permet de voir l'intérieur d'un objet, comme si on l'avait tranché et ouvert. Elle représente les détails d'une pièce située derrière un plan de coupe.

Un plan de coupe peut aussi servir à représenter le forme de l'objet plutôt que les détails cachés à l'intérieur de celui-ci. On représente alors une section de l'objet.

Une méthode pour réaliser une vue en coupe

1 Sur la représentation d'une vue de l'objet (obtenue grâce à la projection à vues multiples), représenter le plan de coupe à l'aide d'une ligne d'axe de coupe. Les flèches doivent pointer dans le sens de l'observation.

2 Représenter la vue de l'intérieur obtenue grâce à la coupe en illustrant les détails qu'on y verrait. Ne pas illustrer les détails qui restent cachés malgré la coupe. Hachurer les surfaces qui ont été sectionnées par la coupe.

3 Si nécessaire, coter le dessin en indiquant les longueurs, les largeurs et les hauteurs réelles de l'objet.

4 Compléter le cartouche du dessin s'il y a lieu.

3.19

Une vue en coupe d'une boîte à bijoux.

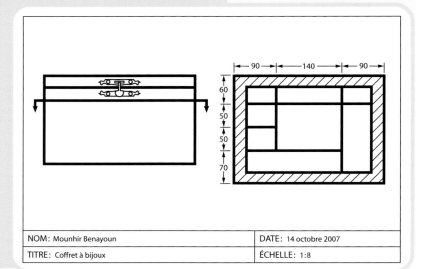

NOM : Mounhir Benayoun	DATE : 14 octobre 2007
TITRE : Coffret à bijoux	ÉCHELLE : 1:8

Une méthode pour réaliser une section

1 Sur la représentation d'une vue de l'objet (obtenue grâce à la projection à vues multiples), représenter le plan de coupe à l'aide d'une ligne d'axe.

2 Si possible, à l'intérieur même de la vue de l'objet, représenter la forme de la surface qui se trouverait sur le plan de coupe. Hachurer l'intérieur de la surface pour montrer qu'il s'agit d'une section. Pour plus de clarté, la section peut aussi être représentée à l'extérieur de la pièce.

3.20

La section d'un écrou.

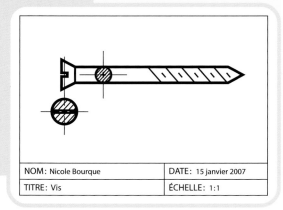

NOM : Nicole Bourque	DATE : 15 janvier 2007
TITRE : Vis	ÉCHELLE : 1:1

COMMENT DESSINER un schéma

Un schéma est une représentation simplifiée d'un objet. Les schémas font appel à de nombreux symboles. Ceux-ci servent notamment à représenter la force nécessaire pour faire fonctionner un objet, à illustrer les mouvements des pièces, les contraintes mécaniques, les liaisons et les guidages, les pièces mécaniques, les systèmes de transmission et de transformation du mouvement.

LE SYMBOLE DE LA FORCE

Les symboles

LES SYMBOLES DES MOUVEMENTS

Mouvement	Symbole
Translation unidirectionnelle	→
Translation bidirectionnelle	←•→
Rotation unidirectionnelle	⤻
Rotation bidirectionnelle	⤻⤸
Mouvement hélicoïdal unidirectionnel	
Mouvement hélicoïdal bidirectionnel	

LES SYMBOLES DES CONTRAINTES MÉCANIQUES

Contrainte	Symbole
Compression	⇨ ⇦
Traction ou tension	⇦ ⇨
Torsion	
Flexion	
Cisaillement	

LES SYMBOLES DE LIAISON ET DE GUIDAGE

Nom	Symbole
Liaison totale	✕
Guidage en rotation	
Guidage en translation	
Guidage en rotation et en translation	

LES SYMBOLES EN OPTIQUE

Nom	Symbole
Miroir plan	
Rayon lumineux	▸
Lentille convergente	←→
Lentille divergente	⟩——⟨

LES SYMBOLES DE PIÈCES MÉCANIQUES

Nom	Symbole
Tige filetée	
Vis	
Écrou	
Ressort de compression	
Ressort de traction	
Ressort de torsion	
Ressort à action angulaire	
Roue (vue de face)	
Roue d'engrenage (vue de face)	

LA SCHÉMATISATION DES SYSTÈMES DE TRANSMISSION DU MOUVEMENT

Nom	Symboles
Système à roues dentées (vue de face)	
Système à roues de friction (vue de face)	
Système à chaîne et à roues dentées (vue de face)	
Système à courroie et à poulies (vue de face)	
Système à roue dentée et à vis sans fin (vue de face)	

LA SCHÉMATISATION DES SYSTÈMES DE TRANSFORMATION DU MOUVEMENT

Nom	Symboles
Système à bielle et à manivelle	
Système à pignon et à crémaillère	
Système à came et à tige-poussoir	
Système à vis et à écrou	

LES SYMBOLES DES COMPOSANTES DE CIRCUITS ÉLECTRIQUES

Nom	Symbole
Source de courant continu	
Source de courant alternatif	
Pile électrique	
Batterie de piles	
Cristal piézo-électrique	
Cellule photo-électrique	
Interrupteur unipolaire	ou
Interrupteur bipolaire	
Fiche	
Prise de courant	
Fil électrique	
Fils électriques croisés sans connexion	ou
Fils électriques croisés avec connexion	
Mise à la terre ou à la masse	
Dispositifs de protection (fusible, disjoncteur)	
Résistance ou appareil consommant de l'électricité	ou
Résistance ajustable	ou

Nom	Symbole
Élément chauffant	
Transformateurs de tension	ou ou
Moteur	
Ampoule	ou ou
Haut-parleur	
Avertisseur sonore	
Ampèremètre	
Voltmètre	
Condensateur fixe	
Condensateur variable	
Diode	
Diode Zener	
Diode électroluminescente (LED)	
Transistor NPN	
Transistor PNP	

Les schémas de principe et de construction

En technologie, les schémas peuvent servir à illustrer des principes de fonctionnement d'un objet ou d'un système. Ce sont alors des schémas de principe.

Les schémas peuvent aussi servir à illustrer des solutions de construction utiles pour la fabrication d'objets ou de systèmes. Ce sont alors des schémas de construction.

Peu importe le type de schéma, certaines règles doivent être respectées lors de leur réalisation. Les principales règles de schématisation sont:

- Tracer des traits propres et clairs.
- Si de la couleur est utilisée, choisir deux couleurs différentes pour illustrer deux pièces qui se touchent.
- Respecter les proportions dans l'objet.
- Représenter l'objet ou le système à l'aide d'une ou de plusieurs vues. Généralement, les vues en deux dimensions sont utilisées.
- Respecter les règles de la cotation lorsque des informations sur les dimensions sont données.

Une méthode pour réaliser un schéma de principe

1 S'assurer de bien comprendre les principes de fonctionnement de l'objet ou du système que l'on souhaite illustrer.

2 Illustrer, à l'aide d'un ou de plusieurs schémas, les principes de fonctionnement de l'objet. Des médaillons peuvent être utilisés pour compléter les informations sur les principes de fonctionnement. S'assurer que les informations suivantes sont données:

- Une représentation simplifiée des pièces en utilisant, dans la mesure du possible, les symboles appropriés.
- Le nom des pièces illustrées.
- Les symboles des mouvements et des forces impliquées dans le fonctionnement de l'objet (*voir page 75*).
- Toute autre information utile concernant le fonctionnement de l'objet, par exemple un organe de liaison.

3.21

Le schéma de principe d'une paire de ciseaux.

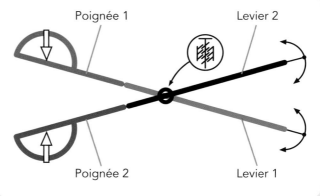

Poignée 1   Levier 2

Poignée 2   Levier 1

Une méthode pour réaliser un schéma de construction

1 S'assurer de bien comprendre les solutions de construction retenues pour la fabrication de l'objet.

2 Illustrer, à l'aide d'un ou de plusieurs schémas, les solutions de construction. Des médaillons peuvent être utilisés pour compléter les informations sur les solutions de construction. S'assurer d'y inclure les informations suivantes :

- Les formes importantes des pièces à considérer en vue de fabriquer les pièces.
- Le nom des pièces illustrées.
- Les matériaux à utiliser pour la construction des objets. On peut faire une légende si plus d'un matériau est utilisé.
- Les organes de liaison à employer, s'il y a lieu.
- Les formes de guidage, s'il y a lieu.
- Toute autre information utile pour la construction de l'objet.

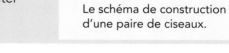

3.22

Le schéma de construction d'une paire de ciseaux.

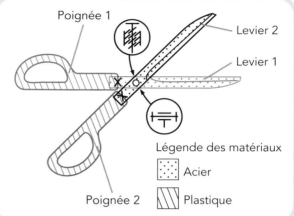

Le schéma électrique

Beaucoup de schémas en technologie servent à illustrer comment sont agencées les différentes composantes d'un système électrique, aussi appelé circuit électrique. Il s'agit alors de schémas électriques.

Une méthode pour réaliser un schéma électrique

1 Repérer chaque composante constituant le circuit électrique à représenter.

2 S'assurer de comprendre comment circule le courant électrique dans le circuit.

3 Représenter, dans le schéma, chaque composante du circuit à l'aide du symbole approprié (*voir* Les symboles des composantes de circuits électriques, *page 77*).

4 Ajouter toute information pertinente permettant de mieux comprendre le fonctionnement du circuit électrique (tension, intensité du courant, etc.).

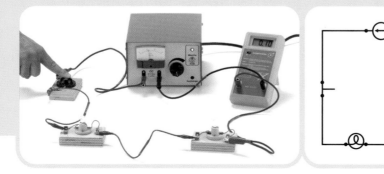

3.23

Le schéma du montage d'un circuit électrique. L'intensité du courant est de 0,10 ampère.

COMMENT RÉALISER
un dessin assisté par ordinateur (DAO)

Bien qu'il soit possible de représenter des objets à l'aide de dessins et de schémas réalisés à main levée ou en utilisant des instruments de dessin technique, l'emploi de logiciels de dessin est souvent privilégié. On obtient alors des dessins assistés par ordinateur (DAO). Généralement, les fonctionnalités des logiciels de dessin permettent de :

- déterminer la grandeur de la feuille sur laquelle sera imprimé le dessin ainsi que son orientation ;
- déterminer l'échelle du dessin ;
- sélectionner des lignes de bases et les tracer ;
- sélectionner des formes géométriques de base (cercle, ellipse, triangle, etc.) et les tracer ;
- coter le dessin ;
- sélectionner des symboles lorsqu'on réalise des schémas ;
- sélectionner des pièces dessinées d'avance (vis, écrou, rivet, agrafe, etc.) ;
- déplacer les différents éléments du dessin d'une place à l'autre sur l'écran.

Le choix des logiciels de dessin est vaste. De plus, les fonctionnalités et le coût de chacun peuvent varier. Il convient donc de choisir un logiciel qui répond aux besoins du dessinateur, tant en ce qui a trait aux fonctionnalités qu'à son prix d'achat.

Une méthode pour apprendre à utiliser des logiciels de dessin technique

1 S'assurer que le langage propre au dessin technique est bien compris. Par exemple, il faut connaître ce que signifient les expressions « cotation », « ligne de base », « projection », etc.

2 Explorer les fonctionnalités du logiciel de dessin à l'aide de ressources permettant d'apprendre à l'utiliser (didacticiel, menu aide du logiciel, manuel d'utilisation, site Web du fabricant, conseils d'utilisateurs sur des sites de discussion ou des forums, etc.).

3 Réaliser quelques dessins simples avec le logiciel, puis en réaliser de plus complexes au fur et à mesure qu'on devient plus habile.

3.24

Plusieurs logiciels permettent de réaliser des dessins assistés par ordinateur (DAO). Il faut cependant investir du temps pour apprendre à les utiliser.

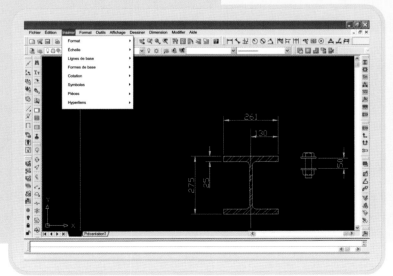

COMMENT DÉMONTER des objets

Démonter un objet, c'est séparer ses pièces sans les abîmer. Bien entendu, pour y arriver, il faut que l'objet ait été monté à l'aide de liaisons démontables.

Le démontage en tout ou en partie d'un objet peut être nécessaire pour l'analyser. C'est ainsi qu'on peut arriver à dessiner des schémas pour mieux comprendre le fonctionnement de l'objet ou les solutions de construction retenues afin de le fabriquer. De plus, le démontage peut être utile pour le rangement ou le transport.

Une méthode pour démonter un objet

1 Repérer les liaisons (vis, boulons, écrous) de l'objet afin de sélectionner les outils appropriés pour démonter l'objet.

2 Procéder au démontage de l'objet, section par section, à l'aide des outils appropriés.

3 Si nécessaire, inscrire l'utilité de chaque pièce ainsi que le nom des pièces avec lesquelles elle est liée afin de pouvoir remonter l'objet facilement. Il peut aussi être utile de noter les étapes de démontage. Ainsi, lorsqu'on voudra remonter l'objet, on suivra les étapes dans l'ordre inverse.

4 Ranger chacune des pièces démontées adéquatement afin d'éviter de les perdre.

3.25

Le démontage d'une poignée de porte permet de mieux visualiser les pièces qu'elle comporte.

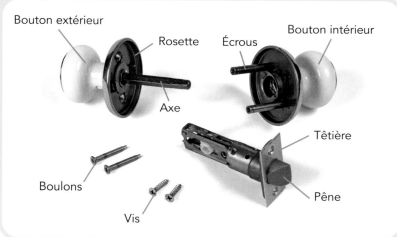

Bouton extérieur — Rosette — Écrous — Bouton intérieur — Axe — Têtière — Boulons — Vis — Pêne

COMMENT FABRIQUER un objet

Dans la fabrication des objets, les outils utilisés et les techniques employées sont nombreuses. Cette partie présente quelques techniques d'utilisation sécuritaire d'outils que vous pourriez manipuler dans un atelier de technologie.

Le mesurage et le traçage des pièces

Le mesurage et le traçage se réalisent généralement en se référant aux indications précisées dans les dessins de détail du plan de fabrication de l'objet. La méthode pour réaliser le mesurage et le traçage des pièces est donc semblable d'un objet à l'autre. C'est plutôt la position des lignes de coupe et les instruments utilisés qui varient d'un traçage à un autre.

Une méthode pour mesurer la longueur à l'aide d'une règle

1 Placer le zéro de l'instrument de mesure au début de l'objet à mesurer.

2 Prendre la lecture de la longueur selon la précision de l'instrument.

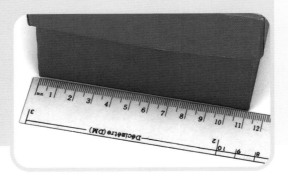

3.26
La longueur de cet objet est de 11 cm.

Une méthode pour mesurer une longueur à l'aide d'un pied à coulisse (ou vernier)

1 Selon la mesure à relever, effectuer l'une ou l'autre des manipulations suivantes :

A Pour mesurer une longueur ou le diamètre extérieur d'un objet, coincer l'objet, sans forcer, entre les mâchoires pour dimensions extérieures.

B Pour mesurer le diamètre intérieur d'un trou ou la dimension d'un espace, ouvrir les mâchoires pour dimensions intérieures jusqu'à ce qu'elles s'accotent sur les rebords du trou ou de l'espace à mesurer.

2 Faire la lecture de la mesure effectuée en suivant ces étapes :

- Repérer la position du 0 du vernier. Relever la valeur de la graduation de l'échelle fixe qui coïncide avec le 0 du vernier.

- Si aucune ne coïncide, relever la valeur de la première graduation de l'échelle fixe qui se trouve à gauche du 0 du vernier. Il s'agit alors de l'unité et de la première décimale de la mesure.

- Repérer la graduation de l'échelle du vernier qui est la plus alignée sur une graduation de l'échelle fixe. La valeur de la graduation de l'échelle du vernier correspond à la deuxième décimale.

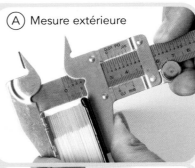

A Mesure extérieure

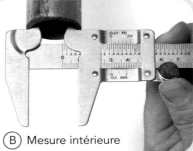

B Mesure intérieure

3.27
Le vernier peut être utilisé pour mesurer les dimensions intérieures et extérieures.

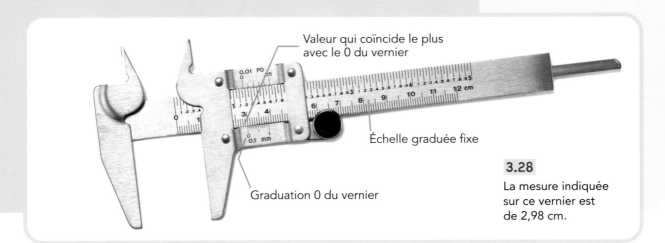

Valeur qui coïncide le plus avec le 0 du vernier

Échelle graduée fixe

Graduation 0 du vernier

3.28
La mesure indiquée sur ce vernier est de 2,98 cm.

Une méthode pour tracer des lignes sur les matériaux

1️⃣ À l'aide d'une équerre et d'un crayon (ou d'une pointe à tracer), mesurer et marquer un repère sur la pièce où doit commencer la ligne de coupe.

2️⃣ Marquer un deuxième repère où doit se terminer la ligne de coupe. Si la coupe est très longue, ajouter des repères à d'autres endroits où la ligne de coupe doit être tracée.

3️⃣ Relier les repères en traçant une ligne à l'aide d'une équerre.

4️⃣ Vérifier si la position et la longueur de la ligne de coupe correspondent bien aux indications données dans le plan de fabrication de l'objet.

3.29
Une ligne de coupe se construit généralement en reliant au moins deux repères dont l'emplacement a été mesuré.

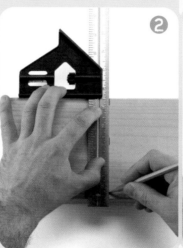

3.30
Selon les lignes de coupes à tracer, divers outils peuvent être utilisés.

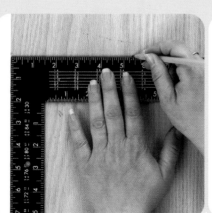

Traçage d'un angle droit avec une équerre de menuisier.

Traçage d'une ligne de coupe faisant un angle de 45° avec le côté de la pièce à l'aide d'une équerre combinée.

Traçage d'une ligne de coupe faisant un angle entre 0° et 180° avec le côté de la pièce à l'aide d'une fausse équerre.

L'usinage des pièces

Le traçage terminé, il faut procéder à l'usinage des pièces, c'est-à-dire traiter les pièces afin de leur donner la forme désirée. Dans l'atelier de technologie, des techniques de coupage, de sciage, de ponçage, de perçage, de limage, de pliage (cambrage), et de dénudage sont susceptibles d'être utilisées.

Une méthode pour couper à l'aide d'un couteau à lame rétractable

1. Placer un tapis de coupe sur la surface de travail.

2. Déposer la pièce à couper sur le tapis de coupe et la maintenir solidement. Au besoin, maintenir la pièce à l'aide d'un serre-joint en C.

3. Choisir un couteau comportant une lame destinée à couper le matériau à usiner.

4. Tout en appuyant sur le couteau, suivre la ligne de coupe en se servant d'une règle en métal ou d'une règle profilée comme guide.

5. Répéter l'étape 4 jusqu'à ce que la coupe soit complète.

3.31

L'acrylique peut se couper à l'aide d'un couteau à lame rétractable, d'une règle profilée, d'un tapis de coupe et d'un serre-joint en C pour maintenir la pièce.

Une méthode pour scier à l'aide d'une scie à ruban

1. S'assurer que la lame qui est installée sur la scie à ruban est adéquate pour scier le matériau que vous désirez usiner. Au besoin, demander au responsable de l'atelier.

2. S'assurer que la ventilation branchée à l'appareil est en fonction, s'il y a lieu.

3. Installer la pièce à usiner sur la table de la scie à ruban.

4. Abaisser le guide de la lame pour qu'il soit à environ 1 cm plus haut que la hauteur du matériau à couper.

5. Aligner la ligne de coupe avec la lame de la scie en maintenant la pièce à couper d'un côté et de l'autre de la ligne de coupe.

6. S'assurer que la pièce ne touche pas la lame et mettre en marche la scie à ruban.

7. Pousser sur la pièce, de façon à ce que la lame scie le matériau tout en s'assurant que :

   - les doigts ne viennent pas en contact avec la lame de la scie. Privilégier l'utilisation d'un poussoir réduit les risques de contact des doigts avec la lame.

   - la lame ne plie pas. Si elle semble plier, pousser plus délicatement ou effectuer plutôt la coupe avec un autre outil, comme la scie sauteuse.

8. Une fois la coupe terminée, éteindre la scie à ruban et ramasser les rebuts de la coupe.

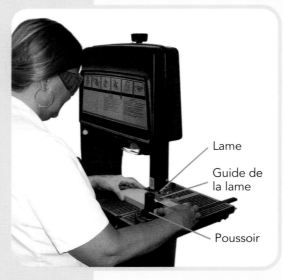

Lame

Guide de la lame

Poussoir

3.32

La scie à ruban est très efficace pour réaliser des coupes droites ou légèrement courbes.

Une méthode pour scier à l'aide d'une scie sauteuse

1. S'assurer que la lame qui est installée sur la scie sauteuse est adéquate pour scier le matériau à usiner ; au besoin, demander de l'aide au responsable de l'atelier.

2. Si la coupe à effectuer est à l'intérieur de la pièce, percer la pièce (*voir* Une méthode pour percer un trou à l'aide d'une perceuse portative, p. 86). Le trou doit être effectué dans une partie de la pièce qui sera enlevée. Le diamètre du trou doit être assez grand pour que la lame puisse y pénétrer.

3. Fixer solidement la pièce à découper dans un étau ou avec un serre-joint. S'assurer qu'il y a suffisamment d'espace sous la pièce pour ne pas obstruer le mouvement de va-et-vient de la lame de la scie sauteuse.

4. Régler l'inclinaison de la semelle, si nécessaire.

5. Brancher la scie sauteuse.

Semelle

6. Déposer la semelle sur la pièce à découper en s'assurant que le mouvement de la lame ne sera pas obstrué.

7. Actionner la scie sauteuse. Plus le matériau est dur et épais, plus le mouvement de la lame devra être lent pour effectuer une coupe de qualité.

3.33

La scie sauteuse permet d'effectuer des coupes droites ou courbes autant sur les rebords qu'à l'intérieur des pièces.

8. Effectuer la coupe en suivant la ligne de coupe.

Une méthode pour poncer à l'aide d'une ponceuse à disque et à bande

1. Sélectionner la partie de la ponceuse à utiliser, soit la bande ou le disque.

2. Si nécessaire, débrancher l'appareil pour régler la position de la bande.

3.34

La ponceuse à disque et à bande peut servir notamment au ponçage, au façonnage, au surfaçage des pièces.

3. Si nécessaire, débrancher l'appareil pour régler la position de la table (du disque ou de la bande) qui sera utilisée pour le ponçage.

4. S'assurer de connaître le sens dans lequel tourne le papier de la bande et du disque. Au besoin, mettre la ponceuse en marche et l'éteindre une fois la vérification effectuée.

5. S'assurer que la ventilation branchée à l'appareil fonctionne, si celui-ci en comporte une.

6. Appuyer la pièce sur la table de la bande ou du disque.

7. Pousser délicatement la pièce vers la bande ou le disque pour effectuer le ponçage.

Une méthode pour percer un trou à l'aide d'une perceuse portative

1 Tracer deux axes dont le point de rencontre positionne le centre du trou.

2 Pointer le centre du trou à l'aide d'un marteau et d'un pointeau ou d'une pointe à tracer.

3 Choisir la mèche ou le foret adéquat en fonction du diamètre du trou qu'on veut percer et l'installer sur l'outil en suivant ces étapes :

- Desserrer les mors en faisant tourner le mandrin. Pour certains outils, il faut utiliser une clef à mandrin pour desserrer les mors.

- Centrer le foret ou la mèche dans les mors.

- Serrer les mors en faisant tourner le mandrin dans l'autre sens. Pour certains outils, il faut utiliser une clef à mandrin pour serrer les mors.

- S'assurer que le foret ou la mèche est bien centré dans les mors.

Mal centré

Bien centré

Mandrin

4 Fixer la pièce à percer dans un étau ou à l'aide d'un serre-joint. Si nécessaire, pour protéger l'établi, insérer une retaille de bois sous la pièce à percer.

5 Sélectionner la bonne vitesse et le bon sens de rotation sur la perceuse. Généralement, pour les perceuses sans fil à vitesse variable, il faut utiliser la plus grande vitesse pour percer.

6 Aligner la pointe de la mèche ou du foret sur le centre du trou. S'assurer que l'alignement de la mèche ou du foret est perpendiculaire à la surface qu'on veut percer.

7 Actionner la perceuse en appuyant sur l'interrupteur. Arrêter aussitôt que la pièce est percée.

Retaille

3.35

Avant de percer un trou, il faut s'assurer de connaître l'emplacement du centre du trou. Pour faciliter l'alignement de la mèche ou du foret lors du perçage, il est préférable d'utiliser un pointeau pour marquer le centre du trou.

3.36

Après avoir choisi la mèche ou le foret adéquat, il faut l'installer correctement sur la perceuse.

3.37

Perçage à l'aide d'une perceuse portative.

Une méthode pour percer un trou à l'aide d'une perceuse à colonne

1 Suivre les trois premières étapes données à la section *Une méthode pour percer un trou à l'aide d'une perceuse portative.*

2 Fixer la pièce à percer sur la table de la perceuse, à l'aide d'un étau à perceuse ou d'un serre-joint, en alignant le centre du trou à la pointe de la mèche ou du foret.

3 S'assurer que la butée de descente du mandrin et que la hauteur de la table sont ajustées selon la profondeur du trou à percer. Au besoin, demander l'aide du responsable.

4 S'assurer que la vitesse de rotation de la perceuse correspond au type de matériau à percer et au diamètre du trou. Au besoin, demander l'aide du responsable.

5 Mettre en marche la perceuse à colonne.

6 Abaisser délicatement la mèche ou le foret à l'aide du levier de commande.

7 Une fois le perçage terminé, remonter délicatement la mèche ou le foret et éteindre la perceuse à colonne.

3.38

Une fois la pièce bien installée et la perceuse bien ajustée, il suffit de faire descendre la mèche ou le foret à l'aide du levier de commande pour percer la pièce.

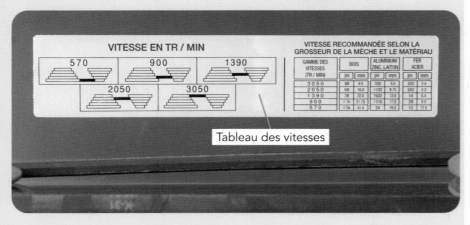

Tableau des vitesses

VITESSE EN TR / MIN		
570	900	1390
	2050	3050

VITESSE RECOMMANDÉE SELON LA GROSSEUR DE LA MÈCHE ET LE MATÉRIAU						
GAMME DES VITESSES (TR / MIN)	BOIS		ALUMINIUM ZINC, LAITON		FER ACIER	
	po	mm	po	mm	po	mm
3050	3/8	9.5	7/32	5.6	3/32	2.4
2050	5/8	16.0	11/32	8.75	5/32	4.0
1390	7/8	22.0	15/32	12.0	1/4	6.4
900	1-1/4	31.75	11/16	17.5	3/8	9.5
570	1-5/8	41.4	3/4	19.0	1/2	12.5

3.39

Le tableau de vitesse pour une perceuse à colonne se trouve généralement à l'intérieur du carter. Il donne les indications de la vitesse recommandée en fonction de la grosseur de la mèche et du matériau à percer.

Une méthode pour limer une pièce

1 Fixer très fermement la pièce à limer dans l'étau, de façon à ce qu'elle ne vibre pas lors du limage.

2 Sélectionner la lime ou la râpe à utiliser. Mieux vaut choisir une lime ou une râpe dont la forme s'apparente à celle de la surface à limer. La différence entre une lime et une râpe se situe au niveau de la largeur des entailles, celles des râpes sont plus larges. Elles usent donc plus rapidement les surfaces lors du limage.

3 Vérifier que la lime est propre. La nettoyer avec la carde à lime, au besoin.

4 Tenir la lime ou la râpe en agrippant le manche dans une main et en tenant l'autre bout entre le pouce et l'index de l'autre main.

5 Limer en poussant la lime ou la râpe en variant les directions, si nécessaire.

6 Après usage, nettoyer la lime à l'aide d'une carde à lime.

3.40
Lors du limage d'une pièce, celle-ci doit être bien fixée.

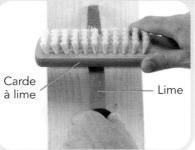

Carde à lime — Lime

3.41
La carde à lime sert à nettoyer la lime.

Une méthode pour plier un thermoplastique à l'aide d'un élément linéaire chauffant

1 À l'aide d'un crayon feutre et d'une règle, marquer la région qui doit être pliée sur le thermoplastique.

2 Déposer la pièce en thermoplastique sur l'élément linéaire chauffant en plaçant la région à chauffer au-dessus de l'élément chauffant.

3 Laisser chauffer le plastique jusqu'à ce qu'il ramollisse. Attention, si vous laissez le thermoplastique chauffer trop longtemps, il s'y formera des bulles et il peut même prendre feu !

4 Retirer le thermoplastique de l'élément linéaire chauffant et le plier aussitôt.

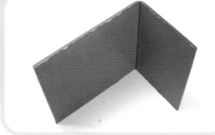

3.42
Pour plier un matériau thermoplastique, il faut d'abord le chauffer.

Une méthode pour cambrer (plier) une feuille de métal

1. Sur la feuille de métal, tracer la ligne de pliage.

2. Placer la feuille de métal dans un étau, entre deux pièces de bois ayant au moins la même longueur que la ligne de pliage.

3. Aligner la ligne de pliage avec le rebord d'une des pièces de bois.

4. À l'aide d'un maillet, plier la feuille de métal afin de former l'angle voulu.

5. Retirer la pièce de l'étau.

6. Si nécessaire, compléter le cambrage en plaçant la pièce bien à plat sur une surface de travail plane, en fonction de la finition voulue.

3.43

Avant d'effectuer le pliage, il faut s'assurer que la ligne de pliage soit bien alignée avec le rebord d'une des pièces de bois. Parfois, il faut compléter par un cambrage à plat.

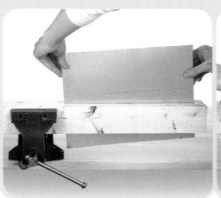

Une méthode pour dénuder un fil

1. S'assurer que le fil à dénuder n'est pas branché à une source de courant.

2. Placer le fil dans l'encoche correspondant au diamètre du fil conducteur en le laissant dépasser d'environ 2 cm.

3. Serrer les bras de la pince. S'assurer alors que seule la gaine isolante est coupée et que la partie conductrice ne l'est pas.

4. Effectuer une rotation de 90° et revenir à la position de départ.

5. Relâcher la pression sur les bras de la pince.

6. Tirer pour enlever l'isolant.

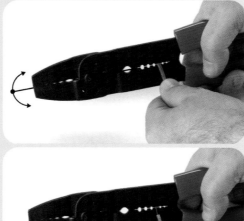

3.44

Le dénudage d'un fil peut s'effectuer à l'aide d'une pince à dénuder.

L'assemblage et la finition des pièces

Une fois les pièces usinées, il faut procéder à leur assemblage afin de constituer l'objet. Pour assembler les pièces, il faut utiliser les organes de liaison appropriés. Dans le cas des assemblages permanents, on peut utiliser des clous, des rivets, des joints, de la colle ou la soudure, tandis que pour les assemblages temporaires, il faut plutôt opter pour des vis ou des boulons.

La finition de l'objet termine le processus de fabrication de l'objet. Le ponçage est une technique de finition. Il permet de lisser les surfaces et de favoriser l'ajout de teinture, de peinture ou de vernis.

Une méthode pour épissurer des fils

1. Placer les fils à épissurer côte à côte, en s'assurant qu'ils pointent tous dans la même direction.

2. Pincer ensemble les fils, entre les doigts pour des fils de petit diamètre, ou à l'aide d'un outil, comme une pince d'électricien, pour les fils plus gros.

3. Faire un mouvement de rotation jusqu'à ce que les fils soient bien entrelacés.

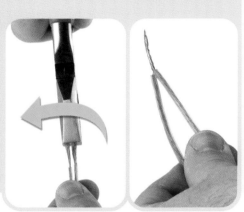

3.45

L'épissure consiste à entrelacer des fils afin de les réunir.

Une méthode pour souder des fils à l'étain

1. La pointe du fer à souder doit être bien propre. La nettoyer à l'aide d'un linge humide ou d'une lime si nécessaire.

2. Brancher le fer à souder.

3. En utilisant un décapant, nettoyer les parties métalliques des fils qui seront soudées. Si le fil d'étain ne contient pas de résine, l'application d'une pâte de soudure sur les fils en facilitera le soudage.

4. Quand le fer à souder est suffisamment chaud, amener les fils au-dessus du fer.

5. Lorsque les fils sont chauds, poser l'extrémité du fil d'étain sur les fils à souder, mais surtout pas sur le fer à souder. La soudure adhérera rapidement aux fils s'ils sont assez chauds.

6. Laisser la soudure refroidir sans souffler dessus. Si on souffle dessus lors du refroidissement, la soudure risque de devenir plus fragile.

7. Débrancher le fer à souder et le nettoyer une fois qu'il est refroidi.

3.46

Il est possible d'assembler deux métaux, comme des fils conducteurs, à l'aide d'une soudure à l'étain. Ce type de soudure permet notamment de laisser le courant électrique circuler d'un fil à l'autre.

Le fer ne doit pas toucher au fil d'étain

Une méthode pour coller deux pièces de plastique

1. Placer les deux pièces à coller l'une sur l'autre, de la façon dont elles doivent être assemblées.

2. En appuyant légèrement sur le piston de l'applicateur de colle, déposer de la colle entre les deux pièces, sur toute la surface qui unit les deux pièces.

3. Maintenir en place les deux pièces quelques minutes.

4. Vider l'excès de colle dans son pot, pour éviter que l'applicateur de colle ne se bouche.

3.47
Pour assembler deux pièces en plastique, on peut appliquer de la colle à l'aide d'un applicateur de colle pour plastique.

Une méthode pour assembler du métal à l'aide de rivets

1. Marquer les endroits où seront posés les rivets.

2. Préférablement, choisir des rivets du même métal que les pièces à assembler.

3. Percer des trous de même diamètre que les rivets choisis (*voir* Une méthode pour percer un trou à l'aide d'une perceuse à colonne, *page 87*).

4. Ouvrir les poignées de la riveteuse et insérer la tige du rivet dans l'ouverture appropriée.

5. Placer l'autre extrémité du rivet dans les trous des pièces de métal à assembler.

6. Serrer les poignées jusqu'à ce que la tige du rivet se casse.

3.48
L'utilisation de rivets est un autre type d'assemblage.

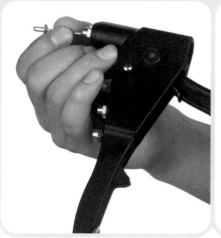

Une méthode pour assembler du métal à l'aide d'un joint

1 Rabattre chaque extrémité des pièces de métal à assembler pour former un ourlet d'environ 1 cm (*voir* Une méthode pour cambrer (plier) une feuille de métal, *page 89*).

2 Emboîter chaque ourlet l'un dans l'autre.

3 Appuyer le joint sur une surface solide en fonction de la forme des pièces à assembler. Pour une pièce courbe, utiliser un tuyau immobilisé dans un étau.

4 À l'aide d'un maillet, marteler le joint jusqu'à ce que les pièces soient solidement assemblées.

3.49

Il est possible de donner une forme cylindrique à une pièce de métal en joignant deux ourlets.

Ourlet simple

Ourlet double

Une méthode pour coller des pièces de bois ensemble

1 Appliquer de la colle à bois sur les surfaces des pièces de bois à assembler.

2 À l'aide de serre-joints ou de fixations temporaires, maintenir fermement les pièces de bois ensemble jusqu'à ce que la colle soit sèche.

3.50

Il existe différentes techniques pour maintenir des pièces de bois pendant que la colle sèche.

Assemblage avec des serre-joints

Assemblage avec du ruban-cache

Assemblage avec une ficelle et un garrot

Une méthode pour assembler deux pièces de bois à angle droit

1 Choisir, parmi les techniques suivantes, celle qui est la plus appropriée en fonction du matériel et des matériaux à votre disposition et des caractéristiques de l'objet à fabriquer.

2 Tenir fermement les deux pièces à assembler. Si nécessaire, utiliser un serre-joint ou un étau.

3 Assembler les deux pièces de bois à l'aide des organes de liaison de la technique choisie.

4 Au besoin, répéter pour toutes les autres pièces à assembler.

Coin carré

Organes de liaison :
vis et/ou colle

Coin cloué

Organes de liaison :
clous

Coin métallique

Organes de liaison :
vis et équerre

Coin extérieur

Organes de liaison :
vis et/ou colle

Coin triangulaire

Organes de liaison :
vis et/ou colle

Gousset triangulaire

Organes de liaison :
clous et colle

3.51

Il existe plusieurs façons d'assembler des pièces de bois à angle droit.

Une méthode pour lisser une surface à l'aide d'un bloc à poncer

1. Sélectionner le papier émeri à utiliser. Pour un ponçage fin, utiliser un papier à grains fins (numéro de papier élevé, par exemple 120). Pour un ponçage grossier, choisir un papier à gros grains (numéro de papier petit, par exemple 80).

2. Fixer le papier émeri sur le bloc à poncer.

3. Fixer l'objet ou la pièce à poncer à l'aide de l'outil approprié (étau, serre-joint en C, etc.).

4. Poncer le bois en frottant le papier sur le bois dans le même sens que le grain du bois.

3.52
Il est préférable de fixer une pièce avant de la poncer.

Une méthode pour teindre, peindre ou vernir un objet

1. Se munir d'un pinceau adéquat.

2. Ouvrir le contenant de peinture, de teinture ou de vernis et mélanger le contenu. Dans le cas du vernis, ne pas brasser trop vigoureuse-ment pour ne pas former de bulles.

3. Verser un peu de peinture, de teinture ou de vernis dans un petit récipient et refermer le contenant pour éviter qu'il s'assèche.

4. Tremper le bout du pinceau dans la peinture, la teinture ou le vernis et appliquer délicatement sur les surfaces à traiter.

3.53
Appliquer de la peinture sur une pièce ou un objet constitue une technique de finition.

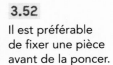

En science et en technologie, comme dans tous les autres domaines d'étude, l'information est à la base d'une meilleure compréhension du monde qui nous entoure. Que ce soit pour recueillir, traiter, analyser ou transmettre l'information, il importe de connaître différentes stratégies pour nous faciliter la tâche. L'information peut prendre différentes formes, comme des textes, des faits, des opinions, des observations, des données, des chiffres, etc. Au fur et à mesure de la collecte de l'information, il faut s'assurer de son exactitude.

Les technologies de l'information et de la communication, aussi appelées TIC, permettent de recueillir rapidement toutes sortes de données, de les traiter et de les communiquer à l'aide de différents logiciels, comme les traitements de texte, les tableurs, etc. Les TIC donnent aussi accès à Internet. Pour y trouver rapidement l'information que l'on cherche, on peut se servir de différents outils, comme les moteurs de recherche et les annuaires.

Une fois l'information obtenue, il faut la traiter, c'est-à-dire l'organiser, l'analyser et la présenter de façon claire pour qu'elle soit bien comprise.

L'INFORMATION

SOMMAIRE

COMMENT RECHERCHER l'information

Pour rechercher de l'information, il est important de bien définir ce que l'on recherche, puis de faire appel à différentes sources. Au fur et à mesure de la collecte de l'information, il faut s'assurer de son exactitude.

Les sources d'information

Il existe différentes sources d'information : l'entrevue avec des personnes-ressources, la consultation de documents imprimés (articles, livres, encyclopédies, etc.), la consultation de documents électroniques (sites Internet, documentaires audiovisuels, etc.), l'écoute de conférences, de films, etc. Certains outils facilitent la recherche, par exemple les tables des matières, les index, les moteurs de recherche et les annuaires.

Le moteur de recherche

Un moteur de recherche est un logiciel qui permet de faire des recherches dans des bases de données informatisées, à la bibliothèque ou dans Internet. Pour lancer une recherche, il faut taper un ou plusieurs mots-clés dans un champ de recherche. Le résultat est une liste de documents imprimés (livres, articles, revues, etc.) ou de pages Web. Cette méthode aboutit souvent à une très grande quantité de références dont la fiabilité est très inégale. Il est cependant possible de limiter davantage la recherche en précisant sa requête. Pour connaître les règles permettant d'utiliser plus efficacement un moteur de recherche, il faut consulter les rubriques d'aide du logiciel utilisé ; les moteurs de recherche ne fonctionnent pas tous de la même façon.

L'annuaire

Un annuaire est un répertoire de pages Web déjà sélectionnées et classées en catégories et en sous-catégories. Ce genre de logiciel facilite le repérage des pages qui abordent un sujet particulier. Pour accéder à une page, on peut soit parcourir les catégories et cliquer sur celles qui conviennent, soit saisir un ou plusieurs mots-clés dans un champ de recherche.

4.1

Lorsqu'on lui a soumis les mots-clés « systèmes du corps humain », ce moteur de recherche a trouvé environ 2 160 000 pages Web.

4.2

Dans cet annuaire, on peut accéder aux pages Web qui traitent des systèmes du corps humain en cliquant successivement sur les catégories : « Santé », « Médecine » et « Anatomie ».

La collecte de données

Plusieurs instruments spécialisés, comme le microscope numérique, l'appareil photo numérique ainsi que divers capteurs, permettent de recueillir des données et de les transférer directement à un ordinateur. Cela en facilite le traitement et l'analyse. Par exemple, un capteur de pression peut mesurer la pression à intervalles réguliers durant plusieurs heures.

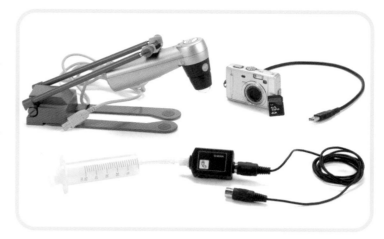

4.3

Le proscope, l'appareil photo numérique et le capteur électronique facilitent la collecte des données.

L'évaluation de la crédibilité des sources d'information

Les documents trouvés lors d'une recherche proviennent de sources très diverses. Il est important d'évaluer la crédibilité d'une source avant d'utiliser l'information qu'elle véhicule. En effet, certaines sources sont moins fiables que d'autres, que ce soit parce qu'elles proviennent de personnes qui ne sont pas expertes en la matière, parce qu'elles visent à promouvoir un point de vue particulier, encore parce qu'elles sont désuètes, etc. Faire preuve d'esprit critique est une nécessité non seulement dans le cas d'Internet, mais aussi dans le cas de renseignements recueillis dans des livres, des journaux, des documents télévisuels ou radiophoniques, des interviews de personnes-ressources, etc.

Afin de mieux juger de la fiabilité de l'information, il peut être utile de se poser les questions suivantes :

- *L'information provient-elle d'une personne ou d'un organisme digne de confiance ?*
  Les organismes reconnus vérifient généralement l'information avant de la publier. Les articles de certaines encyclopédies auxquelles on accède par Internet sont parfois rédigés par des gens qui ne sont pas nécessairement des spécialistes du sujet. Même si les responsables de ces sites vérifient les données, il arrive que l'information soit fausse ou biaisée. Il peut s'écouler plusieurs semaines avant que les données soient corrigées. Habituellement, on ne peut savoir si une information provenant d'une page Web personnelle a été vérifiée.

- *L'information est-elle confirmée par une autre source ?*
  Lorsqu'une même information est diffusée par plusieurs sources différentes, cela augmente sa crédibilité.

- *L'information provient-elle d'une source neutre ?*
  Une information neutre relate les faits sans prendre position. Au contraire, une opinion adopte un point de vue particulier, ce qui peut être intéressant, mais pas nécessairement juste ni vrai.

- *L'information est-elle récente ?*
  Le domaine de la science et de la technologie est en constante évolution. Une information qui était valide il y a quelques années est peut-être complètement dépassée aujourd'hui.

COMMENT PRÉSENTER l'information

En science et en technologie, comme dans tous les autres domaines, il est important de présenter l'information de façon à faciliter la lecture et l'interprétation des données.

Les logiciels

Les traitements de texte

Les traitements de texte servent à composer des textes, à les corriger et à les mettre en forme. On peut y ajouter des tableaux, des diagrammes et des images.

Les logiciels de présentation

Les logiciels de présentation permettent de préparer des diapositives pour des présentations. On peut y placer du texte, des images, des tableaux et des diagrammes.

Les logiciels de dessin

Ils servent à créer et à traiter des images. On les utilise aussi pour faire des dessins techniques (*voir page 80,* Comment réaliser un dessin assisté par ordinateur).

Les logiciels de simulation

Ils permettent de voir comment un phénomène se déroule, par exemple comment la Lune tourne autour de la Terre. On peut consulter plusieurs logiciels de simulation dans Internet.

Les tableurs

Les tableurs permettent d'organiser des données en tableaux et de créer automatiquement des diagrammes basés sur ces tableaux. Ils servent aussi à faire des calculs à partir des données numériques des tableaux.

Les bases de données

Les bases de données sont des ensembles de fiches reliées entre elles de manière organisée. On peut les comparer à des classeurs. Lorsqu'on leur soumet un sujet de recherche, elles comparent et combinent les données afin de fournir les résultats les plus complets possible.

Les tableaux

Les tableaux permettent d'organiser et de présenter des données de façon claire. En effet, les données d'un tableau sont classées en colonnes et en rangées, ce qui permet de les consulter rapidement. Lorsque les données d'un tableau sont constituées de variables, elles servent souvent de point de départ à la construction de différents diagrammes.

4.4

Voici un exemple de diapositive créée à l'aide d'un logiciel de présentation.

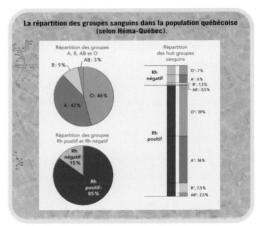

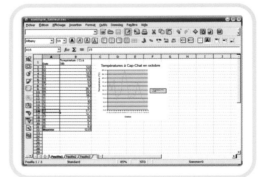

4.5

Ce diagramme a été construit à l'aide d'un tableur.

Une méthode pour construire un tableau constitué de variables

1 Choisir une variable servant de point de repère. Dans le cas d'une expérimentation, c'est souvent la variable indépendante.

Variable indépendante : paramètre (température, masse, etc.) ou caractéristique (âge, sexe, etc.) qui exerce une influence sur une ou plusieurs autres variables. Dans le cadre d'une expérimentation, c'est habituellement la variable que l'on fait varier à intervalle régulier.

2 Écrire le nom de cette variable dans l'en-tête de la première colonne du tableau.

3 Dans les autres cases de cette colonne, écrire toutes les valeurs mesurées ou les descriptions de cette variable.

4 Écrire le nom des autres variables dépendantes de la première dans l'en-tête des autres colonnes du tableau en indiquant l'unité de mesure utilisée entre parenthèses, s'il y a lieu. Faire autant de colonnes qu'il y a de variables dépendantes.

Variable dépendante : paramètre ou caractéristique dont la variation dépend d'une autre variable.

5 Dans les autres cases de ces colonnes, écrire toutes les valeurs de chacune des variables dépendantes.

6 Donner un titre au tableau.

4.6

La présentation des données en tableau permet de les organiser et de les présenter de façon claire.

QUELQUES DONNÉES SUR LES PLANÈTES DU SYSTÈME SOLAIRE

Planète	Diamètre à l'équateur (en milliers de km)	Distance moyenne du Soleil (en UA)	Durée de la révolution (en jours)	Durée de la rotation (en jours)
Mercure	4,878	0,39	88	58,7
Vénus	12,104	0,72	224,7	243
Terre	12,756	1,00	365,26	1,00
Mars	6,794	1,52	687	1,03
Jupiter	142,8	5,20	4 332	0,41
Saturne	120,0	9,54	10 760	0,44
Uranus	51,1	19,19	30 696	0,72
Neptune	49,5	30,06	60 193	0,67

Variable indépendante

Variables dépendantes

Les diagrammes

Un diagramme est un outil qui permet de représenter graphiquement des données. Il existe plusieurs types de diagrammes, comme le diagramme à ligne brisée, le diagramme à bandes, l'histogramme et le diagramme circulaire.

Le diagramme à ligne brisée

Ce type de diagramme est très utile pour représenter graphiquement des données chiffrées illustrant un phénomène continu. Par exemple, une variation de température en fonction du temps, un changement de volume en fonction de la température, etc.

Une méthode pour construire un diagramme à ligne brisée

1 Prendre une feuille de papier quadrillé.

2 À l'aide d'une règle, tracer un axe horizontal et un axe vertical.

3 Choisir la variable qui sera représentée sur chacun des axes. Habituellement, la variable indépendante est placée sur l'axe horizontal (abscisse) et la variable dépendante, sur l'axe vertical (ordonnée). Indiquer les noms des variables choisies sur chacun des axes, ainsi que leur unité de mesure.

4 Graduer les axes en tenant compte de l'écart entre les valeurs et de l'étendue des données à représenter, afin d'utiliser au maximum l'espace disponible.

5 Tracer les points correspondant à chaque couple de valeurs.

6 Relier les points par une ligne.

7 Donner un titre au diagramme.

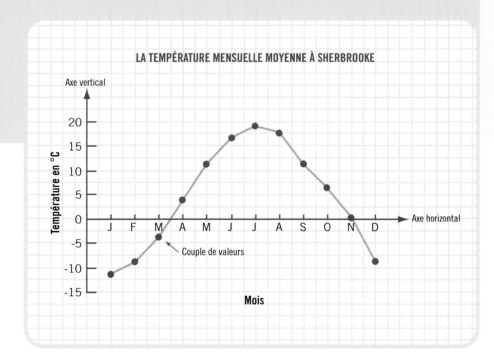

4.7

Le diagramme à ligne brisée permet d'illustrer un phénomène continu qui varie en fonction d'un autre.

Le diagramme à bandes

Le diagramme à bandes est utile pour représenter des données discontinues. Par exemple, l'intensité de différents sons, la valeur énergétique des aliments consommés dans une journée, etc.

Une méthode pour construire un diagramme à bandes

1 Prendre une feuille de papier quadrillé.

2 À l'aide d'une règle, tracer un axe horizontal et un axe vertical.

3 Choisir la variable qui sera représentée sur chacun des axes. Si l'une des variables s'exprime par des mots et l'autre par des nombres, on place habituellement la variable qui s'exprime par des mots sur l'axe horizontal et la variable qui s'exprime par des nombres sur l'axe vertical. Indiquer le nom de la variable choisie sur chacun des axes ainsi que son unité de mesure, s'il y a lieu.

4 Diviser l'axe horizontal de façon à pouvoir placer autant de bandes de même largeur qu'il y a de données à représenter. S'assurer que chacun des espaces entre les bandes sont égaux. Graduer les axes ou indiquer le nom des données.

5 À l'aide d'une règle, tracer le haut de la première bande. Tracer ensuite les côtés de la bande.

6 Répéter l'étape précédente pour chacune des bandes.

7 Donner un titre au diagramme.

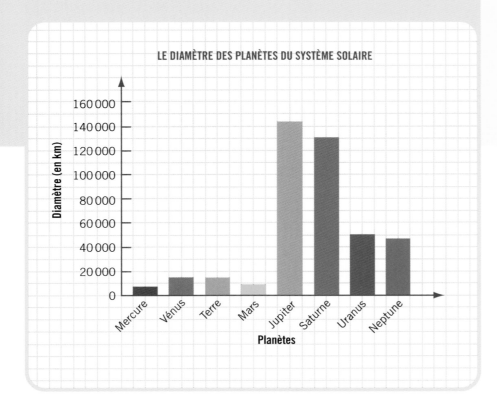

4.8
Le diagramme à bandes est utile pour présenter des données discontinues.

L'histogramme

L'histogramme est souvent utilisé pour représenter des données continues qu'on veut regrouper par catégories. Par exemple, la taille des élèves d'une classe, la vitesse des balles lors de lancers d'un joueur de base-ball, l'âge des habitants d'un pays, etc.

Une méthode pour construire un histogramme

1. Prendre une feuille de papier quadrillé.

2. À l'aide d'une règle, tracer un axe horizontal et un axe vertical.

3. Choisir quelle variable sera représentée sur chacun des axes. Indiquer le nom de la variable choisie sur chaque axe ainsi que son unité de mesure, s'il y a lieu.

4. Diviser l'axe horizontal de façon à pouvoir placer autant de bandes de même largeur qu'il y a de données à représenter. S'assurer que les bandes seront côte à côte, c'est-à-dire sans les espacer. Graduer les axes ou indiquer le nom des données.

5. À l'aide d'une règle, tracer le haut de la première bande. Tracer ensuite les côtés de la bande.

6. Répéter l'étape précédente pour chacune des bandes.

7. Identifier chacune des bandes.

8. Donner un titre au diagramme.

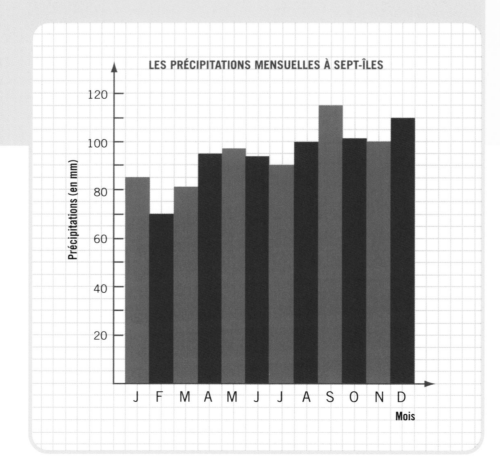

4.9

L'histogramme permet de présenter des données continues regroupées par catégories.

Le diagramme circulaire

Ce type de diagramme représente les données sous forme de disque. Il est très utile pour représenter les parties d'un tout sous forme de fractions ou de pourcentages. Par exemple, les composantes de l'atmosphère, la proportion de chaque groupe d'âge dans une population, etc.

Une méthode pour construire un diagramme circulaire

1 Utiliser une feuille de papier blanc.

2 Faire un point au centre de la feuille. Tracer un grand cercle avec un compas autour de ce point.

3 Calculer l'angle représenté par chaque donnée.

Si ce n'est pas déjà fait, transformer chaque donnée en pourcentage. Ensuite, comme un cercle complet fait 360°, multiplier chaque pourcentage par 360.

Exemple :
Une donnée qui représente 81 % du total doit être représentée par un angle de 292°, soit 81/100 x 360 = 292.

4 À l'aide d'un rapporteur d'angles, tracer, à partir du centre du cercle, les angles correspondant aux mesures obtenues.

5 Annoter chacune des portions du diagramme ou indiquer par une légende ce que chacune représente.

6 Donner un titre au diagramme.

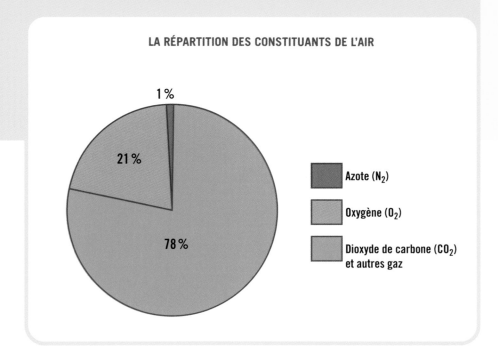

LA RÉPARTITION DES CONSTITUANTS DE L'AIR

1 %

21 %

78 %

- Azote (N_2)
- Oxygène (O_2)
- Dioxyde de carbone (CO_2) et autres gaz

4.10

Le diagramme circulaire présente les données sous forme de disque.

PARTIE 4

COMMENT RÉDIGER un rapport de laboratoire

Le rapport de laboratoire permet de présenter un résumé de la démarche expérimentale ou de la démarche d'observation en science. Il rend compte des résultats obtenus ou des observations faites au laboratoire. Il est important d'utiliser le langage propre à la science et à la technologie et de respecter une certaine structure. Voici une méthode pour rédiger un rapport de laboratoire selon la démarche expérimentale.

Une méthode pour rédiger un rapport de laboratoire

1 Préparer une page titre incluant les informations suivantes :

- Un titre.
- Votre nom et, si nécessaire, ceux de vos coéquipiers.
- Le nom de votre enseignante ou enseignant.
- La date de remise.

2 Énoncer clairement les objectifs (le but) à atteindre lors de l'expérience.

3 Déterminer la variable indépendante et la ou les variables dépendantes. La variable indépendante est celle que l'on fera varier intentionnellement à intervalle régulier, tandis que les variables dépendantes sont celles que l'on mesurera en fonction de la variable indépendante.

4 Formuler une réponse provisoire (l'hypothèse) au but de l'expérimentation ou une solution possible au problème en faisant référence aux variables indépendante et dépendantes, et la justifier. L'hypothèse doit toujours débuter par « Je crois que... » ou « Je pense que... », suivi de « parce que... ».

5 Dresser une liste complète du matériel de laboratoire et des produits nécessaires pour réaliser l'expérimentation, en précisant la quantité de chacun.

2 **But**
Je dois déterminer quelle matière isolante d'origine animale (poil, plume) permet le mieux de maintenir la température corporelle constante.

3 Variable indépendante : la nature de la matière isolante d'origine animale.
Variable dépendante : la variation de la température corporelle (représentée par 100 ml d'eau chaude).

4 **Hypothèse**
Je crois que le poil est le meilleur isolant thermique parce que les manteaux de fourrure sont très efficaces pour nous garder au chaud durant l'hiver.

5 **Matériel**
- Un bécher de 400 ml
- Une éprouvette (25 mm x 200 mm)
- Un cylindre de 25 ml
- 25 ml d'eau chaude
- 250 ml de poils de chien ou de chat
- 250 ml de plumes
- Un thermomètre
- Une pince à thermomètre
- Une pince à éprouvette
- Un support universel

6 **Manipulations**
1. À l'aide d'une pince, fixer un thermomètre à un support universel.
2. Remplir un bécher de 250 ml de poils.
3. Mesurer 25 ml d'eau chaude.
4. Verser l'eau chaude dans l'éprouvette.
5. Fixer l'éprouvette au support à éprouvette.
6. Placer l'éprouvette dans le bécher de 250 ml. S'assurer que le poil est réparti autour du bécher.
7. Placer le thermomètre dans l'éprouvette.
8. Durant 5 minutes, mesurer la température de l'eau toutes les 30 secondes.
9. Répéter l'expérimentation avec les plumes.
10. Répéter l'expérimentation pour le témoin, c'est-à-dire sans matière isolante.

(suite à la page suivante)

6 Rédiger les manipulations à effectuer pour répondre au but de l'expérience, en respectant les règles suivantes :

- Chaque étape doit être numérotée.
- Les étapes doivent être placées en ordre chronologique.
- Chaque étape doit préférablement débuter par un verbe d'action. Ex. : peser, mesurer, verser.
- Rédiger des phrases simples et claires.
- Tenir compte des règles de sécurité.
- Lorsqu'un montage particulier est requis, en faire le croquis.

7 Présenter, si possible, les résultats (données ou observations) sous forme de tableau (*voir p. 99*). Les tableaux doivent être aussi simples et aussi complets que possible afin de visualiser les résultats en un seul coup d'œil.

8 À partir des résultats obtenus, réaliser un diagramme et effectuer des calculs, s'il y a lieu. Le diagramme doit faciliter l'analyse des résultats et les calculs doivent être clairement identifiés.

9 Analyser les résultats afin de répondre au but de l'expérience, en respectant les consignes suivantes :

- Établir des liens entre les résultats obtenus (diagramme, etc.).
- Juger de la pertinence des résultats ou de l'expérience.
- Nommer les avantages et les inconvénients de l'expérience, s'il y a lieu.
- Relever les causes d'erreurs au cours de l'expérience et proposer des améliorations.

10 Conclure en faisant un retour sur l'hypothèse et en répondant brièvement au but du laboratoire. On peut aussi proposer une autre expérience ou une question soulevée par le laboratoire.

(suite)

7 Résultats

Tableau 1 : La température de l'eau en fonction du temps pour chacune des substances isolantes et le témoin

Temps (sec)	Température de l'eau entourée de poils (°C)	Température de l'eau entourée de plumes (°C)	Température de l'eau témoin (°C)
30	56	56,5	56
60	55,5	56,5	54
90	55	56	52
120	54,5	55,5	50
150	54	55,5	48
180	53,5	55	46
210	53	55	44
240	52,5	54,5	42
270	51	54,5	40
300	50	54	38

8 Calculs

Variation de température pour le poil :
56 °C-50 °C = 6 °C

Variation de température pour les plumes :
56,5 °C-54 °C = 2,5 °C

Variation de température sans isolant :
56 °C-38 °C = 18 °C

9 Analyse

Selon les résultats obtenus, le meilleur isolant d'origine animale sont les plumes. J'ai remarqué que la variation de la température de l'eau est moins grande lorsque l'eau est entourée de plumes. Elle est seulement de 2,5 °C comparativement à 6 °C pour les poils et 18 °C pour l'eau seule. Ainsi, la température n'a presque pas diminué avec le temps avec les plumes. Il y a donc eu moins de perte de chaleur avec l'environnement lorsque l'eau est entourée de plumes.

Une des causes d'erreur possible c'est que la température de l'eau chaude n'était pas exactement la même au départ. Il faudrait peut être refaire le laboratoire en s'assurant que toutes les conditions expérimentales soient les mêmes pour toutes les situations testées.

10 Conclusion

J'avais tort dans mon hypothèse, ce n'est pas le poil qui est le meilleur isolant thermique, ce sont les plumes. J'en conclus donc que les plumes aident mieux à garder la température des organismes vivants constante. Nous pourrions vérifier s'il y a plus d'espèces animales vivant dans des conditions hivernales extrêmes qui possèdent des plumes que de celles qui possèdent des poils.

COMMENT RESPECTER les droits d'auteur

L'information recueillie dans les livres, les journaux ou dans Internet est la propriété de la personne ou de l'entreprise qui l'a créée. On ne peut donc pas en faire ce qu'on veut. Le ou les auteurs d'une œuvre (textes, images ou sons) possèdent des droits, qu'on appelle « droits d'auteurs » ou, en anglais, « copyright ». Habituellement, il existe quelque part une mention expliquant ce que l'auteur nous autorise à faire ou pas. Cette mention peut se trouver dans les premières ou dans les dernières pages d'un ouvrage imprimé, ou se trouver sur un lien portant un nom comme « licence » ou « conditions d'utilisation » ou encore « avis de droit d'auteur », etc.

La mention « Tous droits réservés » indique qu'on ne peut ni copier ni modifier le contenu de l'œuvre, à moins d'obtenir l'autorisation du détenteur des droits (l'auteur ou l'éditeur). Il est toutefois possible d'en citer un court extrait sans autorisation, à condition de mentionner la source. Lorsqu'un site ou un document ne porte aucune mention, il faut toujours agir comme si tous les droits étaient réservés.

La mention « La permission est accordée de copier, distribuer ou modifier ce document » permet d'utiliser le contenu, mais, même dans ce cas, il est essentiel d'en mentionner la source.

COMMENT CITER les références

Une méthode pour citer les références dans le cas d'un livre

1. Donner le nom de l'auteur en majuscules.

2. Indiquer le prénom complet de l'auteur, en commençant par une majuscule et en terminant par un point. Il est aussi possible de ne donner que l'initiale en majuscule, suivie d'un point (si l'auteur a un prénom composé, indiquer la première lettre en majuscule de chacun de ses prénoms, suivie d'un point pour chacune).

3. De la même manière, citer tous les autres auteurs, s'il y a lieu.

4. Préciser le titre du livre en italique (ou le souligner si on ne travaille pas à l'ordinateur).

5. Spécifier le titre de la collection, s'il y a lieu.

6. Donner le nom de la maison d'édition.

7. Indiquer le lieu de l'édition.

8. Fournir l'année de la publication.

9. Préciser le nombre de pages de l'ouvrage.

10. Si le texte a été modifié, faire précéder la référence de « Adapté de : ».

Exemples :

BÉLANGER, Mélanie. CHATEL, Jean-Marc. SAINT-ANDRÉ, Benoit. *Univers, Science et technologie*, Éditions du renouveau pédagogique, Saint-Laurent, 2006, 336 pages.

ou

Adapté de : CYR, Marie-Danielle. VERREAULT, Jean-Sébastien. *Observatoire, L'humain*, Éditions du renouveau pédagogique, Saint-Laurent, 2007, 450 pages.

Une méthode pour citer les références dans le cas d'un article de revue ou de journal

1 Donner le nom de l'auteur en majuscules.

2 Indiquer le prénom de l'auteur en commençant par une majuscule suivie d'un point. Si l'auteur a un prénom composé, indiquer la première lettre en majuscule de chacun de ses prénoms, suivie d'un point pour chacune. De la même manière, citer tous les autres auteurs, s'il y a lieu.

3 Écrire le titre de l'article entre guillemets.

4 Préciser le titre de la revue ou du journal en italique (ou le souligner si on ne travaille pas à l'ordinateur).

5 Fournir le lieu de la publication (dans le cas d'un journal).

6 Préciser le nom du numéro et du volume ou de la date de publication.

7 Indiquer le numéro de la première et de la dernière page de l'article.

Exemple :

CÔTÉ, J. « Manger pour atteindre des sommets », *La Presse*, Montréal, 19 février 2006, cahier ACTUEL, p. 4.

Une méthode pour citer les références dans le cas d'un site Internet

1 Écrire le nom de l'auteur ou de l'organisme.

2 Donner le titre du document entre guillemets.

3 Fournir la date si elle disponible.

4 Indiquer l'adresse complète du site.

5 Préciser la date de la consultation entre parenthèses. Il est fréquent que des sites changent d'adresse ou n'existent plus après quelques mois.

Exemple :

Ministère de la Santé du Canada, « Les risques pour la santé », 2007, http://www.min.gouv.ca/. (Consulté le 7 juillet 2007.)

Outre le matériel, les techniques et les méthodes, la science et la technologie peuvent avantageusement profiter des connaissances et des habiletés acquises dans d'autres domaines scolaires.

La maîtrise de la langue est importante, quelle que soit la matière à l'étude. De bonnes stratégies de lecture facilitent la collecte d'informations et la compréhension de sujets liés au programme science et technologie et à celui des applications technologiques et scientifiques. De plus, la maîtrise de la langue, tant à l'oral qu'à l'écrit, est essentielle pour décrire ou expliquer un phénomène, pour communiquer des résultats et être compris.

Pour faire le bilan de ses connaissances ou pour mieux définir les éléments de réponse à un problème, le réseau de concepts est un outil précieux.

De même, les habiletés développées en résolution de problèmes mathématiques aident à l'exploration et au raisonnement en science et en technologie, et s'avèrent fort utiles pour effectuer les divers calculs.

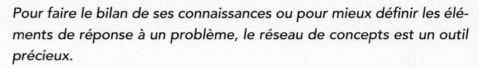

AUTRES OUTILS

SOMMAIRE

LE FRANÇAIS

En science et en technologie, comme dans d'autres matières à l'étude, le français est la langue de travail.

Pour apprendre ou pour communiquer des résultats, il faut connaître les termes justes et précis à utiliser. Il faut aussi employer un vocabulaire varié, par exemple des synonymes ou des antonymes. Les comparaisons peuvent aussi être très utiles pour établir des liens entre deux concepts.

(COMMENT LIRE) un texte ou un problème d'ordre scientifique ou technologique

Que se soit pour comprendre la tâche demandée, un problème à résoudre ou pour recueillir des informations à partir de textes, il faut être capable de bien saisir le sens exact des mots qu'on lit.

Une méthode pour lire un texte

1 Lire d'abord les titres et les sous-titres du texte pour savoir de quoi traite le texte.

2 Lire le texte une première fois.

3 Relire le texte en surlignant ou en notant sur une feuille à part les idées principales et les mots-clés.

4 S'assurer de comprendre le sens précis des mots-clés en utilisant, au besoin, un manuel de référence, un dictionnaire ou toute autre documentation pertinente.

5 Retranscrire les informations pertinentes en fonction de la tâche ou du sujet à traiter.

Une méthode pour lire l'énoncé d'un problème

1 Lire attentivement le problème.

2 Surligner ou noter les mots-clés, les idées principales ou les idées essentielles. Repérer les données fournies.

3 S'assurer de comprendre le sens précis des mots-clés en utilisant, au besoin, un manuel de référence, un dictionnaire ou toute autre documentation pertinente.

4 Identifier les indices qui peuvent faciliter la résolution du problème.

5 Reformuler la tâche dans ses propres mots.

COMMENT UTILISER un vocabulaire juste et précis

Une phrase du genre : « Quand tu verses la chose dans le machin où il y a le stock, ça pète » ne dit pas grand-chose. Il est beaucoup plus clair de dire ou d'écrire : « Quand on ajoute du bicarbonate de soude à du vinaigre, on observe une effervescence qui dénote un dégagement de gaz. »

Une méthode pour utiliser un vocabulaire juste et précis

1. Relire les notions à l'étude. Si nécessaire, utiliser l'index et le glossaire du manuel pour s'assurer du sens des termes. Se reporter au réseau de concepts si on en a construit un.

2. Rechercher dans le dictionnaire le sens des termes dont la signification n'est pas claire.

3. Utiliser des synonymes pour décrire un phénomène ou expliquer une notion pour éviter les répétitions.

4. Utiliser des comparaisons pour mettre en relation un phénomène nouveau et un phénomène connu.

Une méthode pour corriger les textes

1. Vérifier l'orthographe et le sens des mots utilisés en consultant un dictionnaire ou un autre ouvrage de référence.

2. Vérifier les accords des noms et des adjectifs, des verbes et des participes passés. Consulter au besoin une grammaire ou un répertoire de conjugaison des verbes.

3. Si un traitement de texte est utilisé, employer les outils de correction « grammaire et orthographe » en gardant à l'esprit que ces logiciels ont leurs limites.

LES RÉSEAUX DE CONCEPTS

Les réseaux de concepts sont une façon efficace d'explorer un sujet et d'établir des liens entre différentes idées. On peut ensuite s'en servir pour lancer une recherche dans Internet, pour organiser un plan de travail, pour résumer un sujet, etc. Il existe autant de réseaux de concepts qu'il y a de façons de voir les choses. Pour un même sujet, chaque personne peut donc bâtir son propre réseau de concepts.

COMMENT BÂTIR
un réseau de concepts

Une méthode pour bâtir un réseau de concepts

1 Inscrire au centre d'une feuille de papier blanc le sujet du réseau de concepts.

2 Si l'objectif du réseau doit être de développer un sujet, on peut organiser une séance de remue-méninges sur le sujet choisi. Noter sur une feuille à part, ou sur des papiers autocollants, toutes les idées qui surgissent, sans les censurer ni les classer. Un remue-méninges peut se faire individuellement, mais il est généralement plus efficace lorsque plusieurs personnes y participent.

Si l'objectif du réseau est de résumer un texte, on peut dresser une liste des idées du texte sur une feuille à part.

3 Organiser les idées recueillies en les classant par catégories et en distinguant les idées principales des idées secondaires.

4 Sur la feuille de départ, inscrire les idées principales de chaque catégorie. Chaque idée doit être synthétisée en un ou quelques mots. Relier, par un trait, chaque idée principale au sujet. Les idées principales peuvent être des causes, des conséquences, des explications, des sujets connexes, etc.

5 Ajouter les idées secondaires et les relier, par des traits, aux idées principales.

6 Si nécessaire, ajouter d'autres embranchements aux mots du réseau.

5.1

Un réseau de concepts réalisé autour des mots clés « systèmes du corps humain ».

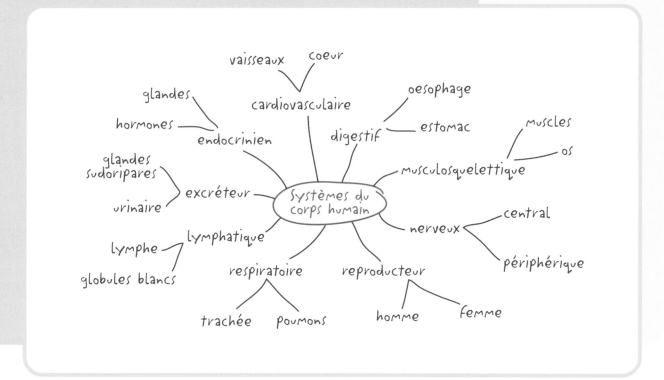

LA MATHÉMATIQUE

La science et la technologie font souvent appel à des techniques utilisées en mathématique : mesurer, calculer, raisonner de façon logique, dessiner.

COMMENT RÉSOUDRE
un problème mathématique

Les problèmes en science et en technologie impliquent souvent des formules mathématiques. Pour les appliquer, il importe de bien identifier les variables du problème, d'utiliser la formule appropriée et, si nécessaire, d'isoler la variable recherchée.

Une méthode pour résoudre un problème mathématique

1. Lire attentivement le problème pour déterminer ce que l'on cherche (souvent relié à la question).

2. Déterminer les différentes variables et leur valeur (ne pas oublier les unités de mesure).

3. Choisir la formule à utiliser en fonction de ce que l'on cherche et des variables du problème.

4. Remplacer les variables par leur valeur et isoler l'inconnue. Porter une attention particulière aux unités.

5. Vérifier le résultat obtenu et s'assurer de bien répondre à la question du problème. (Il est possible que d'autres calculs soient nécessaires.)

Exemple :

Afin de calculer la masse volumique d'un liquide incolore, Vincent recueille quelques données au laboratoire. Ainsi, il observe que 20 ml de ce liquide pèsent 15,8 g. Dans ces conditions, quelle est la masse volumique de ce liquide ?

Étapes de résolution	Démarche de résolution
1. Déterminer ce que l'on cherche.	Quelle est la masse volumique de ce liquide ?
2. Déterminer les différentes variables et leur valeur.	$\rho = ?$ $m = 15,8$ g $V = 20$ ml
3. Choisir la formule à utiliser.	$\rho = \dfrac{m}{V}$
4. Remplacer les variables par leur valeur et isoler l'inconnue.	$\rho = \dfrac{15,8 \text{ g}}{20 \text{ ml}}$ Donc $\rho = 0,79$ g/ml
5. Vérifier le résultat et répondre à la question du problème.	Ainsi, la masse volumique du liquide est de 0,79 g/ml.

Une méthode pour isoler une variable

1 Écrire la formule mathématique.

2 Identifier la variable à isoler.

3 Pour chaque terme à éliminer, faire l'opération mathématique inverse de chaque côté de l'égalité. N'oubliez pas de traiter aussi les unités de mesure, s'il y a lieu. Répéter jusqu'à ce que la variable soit isolée, c'est-à-dire jusqu'à ce qu'elle soit seule d'un côté de l'égalité.

Note : L'addition est l'inverse de la soustraction et vice versa.
La multiplication est l'inverse de la division et vice versa.
Le carré est l'inverse de la racine carrée et vice versa.

4 Écrire la formule mathématique avec la variable isolée.

Exemple :
On veut isoler C dans cette formule mathématique.

1 $A + BC = D$

2 $A + BC = D$

3 $A - A + BC = D - A$, donc $BC = D - A$; $\dfrac{BC}{B} = \dfrac{D - A}{B}$

4 $C = \dfrac{(D - A)}{B}$

Une méthode pour faire une conversion à l'aide d'une règle de trois

1 Déterminer les unités de mesure de la donnée recherchée et de la donnée à convertir.

2 Choisir la correspondance appropriée en fonction des unités de mesure des données du problème.

3 Résoudre en effectuant un produit croisé. Porter une attention particulière aux unités de mesure.

4 Vérifier le résultat obtenu.

Exemple :
À quelle distance en unités astronomiques se situerait un astéroïde s'il a été observé à 300 000 000 km de la Terre ?

1 ? UA = 300 000 000 km

2 1 UA = 150 000 000 km

Ou si 1 UA égale 150 000 000 km, combien de UA feront 300 000 000 km ?

3 $\dfrac{1\ UA \times 300\ 000\ 000\ km}{150\ 000\ 000\ km} = 2\ UA$

4 300 000 000 km = 2 UA

INDEX

115

INDEX DU MATÉRIEL

INDEX DES TECHNIQUES